广东惠清高速公路项目系统大安全管理创新与实践

广东惠清高速公路有限公司　编著

人民交通出版社股份有限公司
北　京

内 容 提 要

本书在总结广东惠清高速公路项目系统大安全管理实践经验的基础上,梳理了安全管理发展历程和现状,分析了推行系统大安全管理的必要性和必然性,提出了惠清高速公路项目系统大安全管理的定义和内涵,介绍了惠清高速公路项目推行系统大安全管理过程中的创新思路和具体举措。

本书内容翔实、理论与实践相结合,可供高速公路安全管理人员、建设管理人员工作参考,也可供高等院校相关专业师生教学参考。

图书在版编目(CIP)数据

广东惠清高速公路项目系统大安全管理创新与实践／广东惠清高速公路有限公司编著. — 北京：人民交通出版社股份有限公司, 2022.9
 ISBN 978-7-114-18161-0

Ⅰ.①广… Ⅱ.①广… Ⅲ.①高速公路—道路工程—安全管理—广东 Ⅳ.①U415.12

中国版本图书馆 CIP 数据核字(2022)第 151875 号

书　　　名：	广东惠清高速公路项目系统大安全管理创新与实践
著　作　者：	广东惠清高速公路有限公司
责任编辑：	刘永超　　石　遥
责任校对：	席少楠　　卢　弦
责任印制：	刘高彤
出版发行：	人民交通出版社股份有限公司
地　　　址：	(100011)北京市朝阳区安定门外馆斜街 3 号
网　　　址：	http://www.ccpcl.com.cn
销售电话：	(010)59757973
总　经　销：	人民交通出版社股份有限公司发行部
经　　　销：	各地新华书店
印　　　刷：	北京市密东印刷有限公司
开　　　本：	787×1092　　1/16
印　　　张：	10
字　　　数：	208 千
版　　　次：	2022 年 9 月　第 1 版
印　　　次：	2022 年 9 月　第 1 次印刷
书　　　号：	ISBN 978-7-114-18161-0
定　　　价：	60.00 元

(有印刷、装订质量问题的图书,由本公司负责调换)

《广东惠清高速公路项目系统大安全管理创新与实践》审定委员会

主 任 委 员：王春生

副主任委员：陈新华

委　　　员：陈　敏　黄　觉　施大庆　陈海珊　邹慧明
　　　　　　方　智　李　勇　向　超　赵震宇　邹会权
　　　　　　黄佐才　刘　峰

编写委员会

主　　　编：吕大伟　王玉文

副　主　编：刘韶新

编　　　委：赵　明　古伟展　李仕玲　尹仕健　刘郁彬
　　　　　　刘　飞　房　坤　黄潜滋　卢志宇　王振龙
　　　　　　吕明敏　危春根　黄飞新　何湘峰

FOREWORD 序言

党的十八大以来,习近平总书记对安全生产工作多次发表重要讲话、作出重要批示,深刻论述安全生产红线、安全发展战略、安全生产责任制等重大理论和实践问题,让安全发展理念入脑入心。交通运输部深入贯彻落实习近平总书记关于安全生产的系列重要论述,提出打造"四个交通"的宏伟蓝图和创建"平安百年品质工程"的具体目标。惠清高速公路项目就是其中的一个经典案例。

惠清高速公路全长125.28km,双向六车道,概算投资207.98亿元。项目位于山岭重丘区,桥隧比48.8%,区域地质复杂,施工组织难度大,安全风险点多线长面广。面对困难和挑战,惠清人坚持以习近平新时代中国特色社会主义思想统领安全管理一切工作,深入贯彻落实党中央、国务院和交通运输部关于安全生产改革发展的决策部署,以目标和问题为导向,确立创建"平安工程"管理目标,树立"系统大安全"管理理念,建立全面安全管理体系,大胆进行管理创新和技术革新。在项目筹建阶段,率先在行业内编制项目安全生产管理策划,明确建管养全寿命周期"系统大安全"管理蓝图。在项目设计阶段,在行业内首创安全设计专章,对施工现场重要工点和关键工序的25项安全生产防护设施进行规范化、标准化设计。在项目招标阶段,前置编制《惠清高速公路安全管理强制性标准》和《HSE(健康、安全、环境)管理体系》,并载入招标文件。在项目施工阶段,全面安全管理(TSM)体系、两区三厂地质灾害危险性评估、"6S"管理体系、环境敏感区和桥隧施工现场"HSE"管理体系、"四法工作法"、安全标杆奖励、安全标准化指南的编制和先行先试、安全设施微创新和成果应用等在惠清高速公路项目得到全面推行和落地,取得了显著成效,获得了同行的高度认可和广泛推广应用。

本书较为系统、全面地总结了惠清高速公路项目系统大安全管理创新与实践的全过程,由广东惠清高速公路有限公司组织编写。专著内容翔实丰富,分别从时代背景、国家政策、行业要求和理论基础等不同维度梳理了安全管理发展历程和现状,提出系统大安全管理是新时代交通建设安全管理的必然趋势,并以惠清高速公路项目安全管理全过程为实例,提出了惠清高速公路项目系统大安全管理的定义和内涵,介绍了项目全面创新安全管理思路,大力推进理论创新、制度创新、体制机制创新、科技创新和文化创新,创建"系统大安全"的具体工程实践。本书不仅仅是惠清高速公路项目系统大安全管理的全面总结,也为今后高速公路建设系统安全管理发展贡献了"惠清经验"。

2020年10月,惠清高速公路项目以98.2分的历史最高质量评分通过了广东省交通运输厅的交工验收,顺利建成通车。惠清高速公路项目系统大安全管理创新与实践的背后是一群创新、实干、有理想、有担当的中国交通人,他们建造的不仅仅是一条公路,更是一条凝结着创新汗水的智慧之路,一个穿山越水绿色永续的生态工程,一个共建共治共享新时代的平安百年品质工程。本书谨向坚守初心、勇担使命的全体惠清高速公路参建人员致敬!

本书由惠清高速公路参建人员执笔总结,是对现代系统安全管理的尝试,是平安百年品质工程的探索和实践,难免有不当之处,请同行批评指正。

作　者
2022年6月

CONTENTS 目录

第1章 惠清高速公路项目建设安全管理背景 … 1

1.1 惠清高速公路项目建设安全管理时代背景 … 1
1.2 惠清高速公路项目建设安全管理行业背景 … 4

第2章 系统大安全管理概述 … 8

2.1 安全管理的发展历程 … 8
2.2 系统大安全管理的理论来源及基础 … 9
2.3 系统大安全管理是新时代安全管理的必然趋势 … 12
2.4 系统大安全观的现实意义 … 12
2.5 推行系统大安全管理的科学性和先进性 … 13
2.6 创建和推行系统大安全管理的主要目的和作用 … 14

第3章 惠清高速公路项目系统大安全管理概述 … 15

3.1 惠清高速公路项目系统大安全管理的定义 … 15
3.2 惠清高速公路项目系统大安全管理的内涵 … 16
3.3 惠清高速公路项目工程概况及安全生产面临的困难和挑战 … 16
3.4 惠清高速公路项目系统大安全管理创建模式及实施 … 18

第4章　管理固安——安全管理科学化　　20

4.1　惠清高速公路项目在行业首创"安全管理策划"…………………… 20
4.2　安全管理要求载入招标文件和合同…………………………………… 20
4.3　惠清高速公路项目全面责任体系网络建设与安全管理制度建设…… 27
4.4　打造惠清高速公路项目安全生产标杆劳动竞赛……………………… 29
4.5　惠清高速公路项目首创防御台风工作手册…………………………… 30
4.6　惠清高速公路项目安全管理首创"四法"工作机制 ………………… 30
4.7　夯实安全管理内业规范化标准化……………………………………… 31

第5章　科技强安——安全设施全面标准化　　42

5.1　广东省高速公路工程施工安全标准化………………………………… 42
5.2　"两区三厂"建设安全标准化 ………………………………………… 43
5.3　广东省高速公路工程施工安全防护标准化…………………………… 43
5.4　微创新助力品质工程创建……………………………………………… 44
5.5　惠清高速公路项目建设信息一体化系统……………………………… 45

第6章　环境保安——推进环境的全面安全化　　46

6.1　文明施工及"6S"管理 ………………………………………………… 46
6.2　创建惠清高速公路项目HSE一体化管理……………………………… 72

第7章　文化兴安——全员意识、行为全面安全化　　82

7.1　惠清高速公路项目安全文化建设顶层设计…………………………… 82
7.2　多措并举，全面推动安全文化建设…………………………………… 84

第8章　惠清高速公路项目安全管理效果与评价　　89

附录 A 惠清高速公路项目安全生产管理策划 ... 91

附录 B 惠清高速公路项目防台风防汛工作手册 ... 137

第 1 章
惠清高速公路项目建设安全管理背景

1.1 惠清高速公路项目建设安全管理时代背景

广东惠州至清远高速公路项目(以下简称"惠清高速公路项目")于2014年开始前期筹建,2020年10月建成通车,其间,世界经济、科技、文化等出现高速发展,中国特色社会主义也进入了新时代,安全的外延和内涵愈加复杂、广泛而深远,是多领域令人瞩目的高频词汇。

1)安全的内涵

根据国内外实践探索和理论研究的最新进展,安全领域的发展趋势可用"SSI"(safety&security integration,SSI)这组英文缩写来概括。从安全的内涵看,发展趋势是微观安全和宏观安全一体化。Safety偏重于表征微观或者有形的安全,比如生产安全、生活卫生、环境安全、职业卫生健康等;Security偏重于表征宏观或无形的安全,比如政治安全、经济安全、社会安全、文化安全等。当前,两个"S"呈现出相互渗透、深度融合、"你中有我、我中有你"的发展趋势。比如,一起危险化学品爆炸事故,如果现场应急处置或社会舆情应对失当,就可能会应发系统性风险,从生产安全放大为社会安全问题,从职业卫生安全放大为公共卫生安全和环境安全问题。再如,各国新冠肺炎疫情防控,毫无疑问地从公共卫生安全事件拓展为生物安全、社会安全、政治安全、信息安全等广泛的安全问题。从上述两例可以看出,安全的内涵愈来愈广,"大安全"的趋势愈来愈明显。

2)安全的外延

从安全的外延看,发展趋势是安全、健康、环境、应急一体化。100多年前,曾经做过20多年煤矿矿长的法国著名管理学家亨利·法约尔在其经典著作《工业管理和一般管理》中就将安全活动作为企业管理的重要任务。经过工业化乃至信息化洗礼、文明程度日渐提升的现代企业,特别是矿山、化工、建筑施工等高危行业企业,甚至一般性的商贸和餐饮服务企业,对安全的理解和认识逐步从安全生产拓展至职业健康、环境保护、应急管理等方面。这是因为这些方面具有共性,比如都把"人、机、环、管、法"作为基本要素,相同或相似的要素之间按照不同组合,形成了不同但相互关联的企业子系统,如安全生产子系统、职业健康子系统、环境保护子系统、应急管理子系统等。而企业会对这些方面进行统筹管理。其中,安全是基础、是根本,是最为关键和紧要的。例如,某种有毒制剂储罐的阀门,往往不仅是可能导致爆炸等生产安全事故的危险源,同时也是泄漏有毒物质引发生态环境问题的根源,还可能是职业卫生问题的源头、应急处置的重点、质量控制的重要环节等。把视角从企业放大到宏观的经济社会复杂巨系统,这五个方面也因其要素相同、认知和管理方法相似而逐渐有机融为一体。可见,无论是微观还是宏观层面,安全的外延在不断拓展,安全、健康、环境、应急几方面相互融合,日趋一体化,呈现出"大安全"的发展趋势。

3)我国安全领域的改革背景

从我国安全领域的法制导向、政策思路、体制机制改革看,安全生产管理也同样呈现出"发展绝不能以牺牲安全为代价"和"大安全"的态势。中国特色社会主义进入新时代,我国社会主要矛盾已经转化为人民日益增长的美好生活需要和不平衡不充分的发展之间的矛盾,而安全领域的不平衡不充分则是社会主要矛盾的重要反映。

党的十八大以来,党中央、国务院高度重视安全生产工作,把安全生产纳入"五位一体"总体布局和"四个全面"战略布局统筹推进,从增强红线意识、建立健全责任体系、强化企业主体责任、加快改革创新、构建长效机制、领导干部要敢于担当、防范化解重大安全风险等方面,为安全发展立柱架梁、谋篇布局,明确了安全生产工作的努力方向、重点任务和主要措施。

党的十八大强调,要树立安全发展理念,弘扬生命至上、安全第一的思想,健全公共安全体系,完善安全生产责任制,坚决遏制重特大安全事故。十八届三中全会对安全生产提出要求,要深化安全生产管理体制改革,建立隐患排查治理体系和安全预防控制体系,遏制重特大安全事故。十八届四中全会和《中共中央关于全面推进依法治国若干重大问题的决定》又从"深入推进依法行政、加快建设法治政府"的高度把安全生产纳入了法治化轨道。

2015年10月发布的十八届五中全会公报要求,要牢固树立安全发展观念,坚持人民利益至上,健全公共安全体系,完善和落实安全生产责任和管理制度,切实维护人民生命财产安全。2016年12月发布的《中共中央国务院关于推进安全生产领域改革发展的意见》强调,要牢固树立新发展理念,坚持安全发展,坚守发展绝不能以牺牲安全为代价这条不可逾越的红线,以防范遏制重特大生产安全事故为重点,坚持安全第一、预防为主、综合治理的方针,加强领导、改革创新、协调联动、齐抓共管,着力强化企业安全生产主体责任,着力堵塞监督管理漏洞,着力解决不遵守法律法规的问题,依靠严密的责任体系、严格的法治措施、有效的体制机制、有力的基础保障和完善的系统治理,切实增强安全防范治理能力,大力提升我国安全生产整体水平,确保人民群众安康幸福,共享改革发展和社会文明进步成果。

2017年10月,党的十九大将"坚持总体国家安全观"作为新时代坚持和发展中国特色社会主义基本方略的重要内容,并要求统筹发展和安全,增强忧患意识,做到居安思危。必须坚持国家利益至上,以人民安全为宗旨,以政治安全为根本,统筹外部安全和内部安全、国土安全和国民安全、传统安全和非传统安全、自身安全和共同安全,完善国家安全制度体系,加强国家安全能力建设,坚决维护国家主权、安全、发展利益。打造共建共治共享的社会格局。加强社会治理制度建设,完善党委领导、政府负责、社会协同、公众参与、法治保障的社会治理体制,提高社会治理社会化、法治化、智能化、专业化水平。树立安全发展理念,弘扬生命至上、安全第一的思想,健全公共安全体系,完善安全生产责任制,坚决遏制重特大安全事故,提升防灾减灾救灾能力。

2018年3月,国家组建了应急管理部,统筹实施对全灾种的全流程和全方位管理,履行安全生产、防灾减灾救灾、应急救援等职能,系统性重塑了国家应急管理体制机制,突出了"大安全""大应急",充分体现了社会主义制度的巨大优越性。

2019年10月,党的十九届四中全会通过了《中共中央关于坚持和完善中国特色社会主义制度、推进国家治理体系和治理能力现代化若干重大问题的决定》,强调要健全公共安全体制机制。完善和落实安全生产责任和管理制度,建立公共安全隐患排查和安全预防控制体系。构建统一指挥、专常兼备、反应灵敏、上下联动的应急管理体制,优化国家应急管理能力体系建设,提高防灾减灾救灾能力。

2019年11月,中共中央政治局就我国应急管理体系和能力建设进行了集中学习,强调应急管理是国家治理体系和治理能力的重要组成部分,承担防范化解重大安全风险、及时应对处置各类灾害事故的重要职责,担负保护人民群众生命财产安全和维护社会稳定的重要使命。

2020年12月11日,中共中央政治局就切实做好国家安全工作举行了集体学习。中共中央总书记习近平强调,国家安全工作是党治国理政一项十分重要的工作,也是保障国泰民安一项十分重要的工作。做好新时代国家安全工作,要坚持总体国家安全观,抓住和用好我国发展的重要战略机遇期,把国家安全贯穿到党和国家工作各方面全过程,同经济社会发展一起谋划、一起部署,坚持系统思维,构建大安全格局。

2021年6月10日,修订后的《中华人民共和国安全生产法》(以下简称《安全生产法》)颁布施行,确立了"安全生产工作坚持中国共产党的领导"的指导思想,提出了"安全生产工作应当以人为本,坚持人民至上、生命至上,把保护人民生命安全摆在首位,树牢安全发展理念"的基本理念,提出了要"坚持安全第一、预防为主、综合治理的方针,从源头上防范化解重大安全风险",明确了"安全生产工作实行管行业必须管安全、管业务必须管安全、管生产经营必须管安全"的基本原则,提出了要"强化和落实生产经营单位的主体责任与政府监管责任,建立生产经营单位负责、职工参与、政府监管、行业自律和社会监督的机制。"

修订后的安全生产法进一步强调了安全生产定位、安全生产责任制、安全生产投入、安全风险分级管控和隐患排查双重预防工作机制等问题,为加强安全生产工作、有效防范和坚决遏制生产安全事故、保障人民群众生命财产安全、促进经济社会可持续发展提供了有力的法律支撑。

4)小结

综上,自党的十八大以来,安全在内涵、外延、政策法律沿革及导向等多个维度,都展现出各类安全融会贯通、整合集成的"大安全"发展趋势和达到了"坚守发展绝不能以牺牲安全为代价这条不可触碰的红线"的发展共识,并已经为官、商、学等各界广泛认同。

当前,我国的安全生产形势持续稳定向好,特别是党的十八大以来,安全生产事业迈入新的历史发展阶段,实现了事故总量、较大事故和重特大事故等主要指标持续下降,安全生产整体水平明显提升。生产安全事故连续16年、较大事故连续14年、重大事故连续8年实现起数和死亡人数"双下降"。重特大事故起数由2001年的140起下降为2019年的18起。但是,我国目前仍处于新型工业化、城镇化持续推进的过程中,安全生产工作虽然取得了一定成效,但还面临许多挑战,形势依然严峻,事故总量仍然较大,重特大事故时有发生。比如,2015年发生天津港重特大火灾爆炸事故和长江"东方之星号"沉船重特大事故,2018年贵州省盘州市梓木戛煤矿发生重大煤与瓦斯突出事故,造成13人死亡,2019年江苏天嘉宜化工有限公司引发的"3.21"响水爆炸事故造成78人遇难等。这些事故表明,安全生产工作的长期性、复杂性和反复性依然突出,安全生产任务依然艰巨。

1.2 惠清高速公路项目建设安全管理行业背景

公路工程建设项目安全管理的范围主要包括:路基、路面、桥梁、隧道工程及其相关的水上作业、高处作业、起重作业、爆破作业、电气安装等各种施工作业的安全管理。公路工程建设项目安全生产管理主要是指公路工程项目生产、管理单位按照有关安全法律、法规为预防公路工程项目建设过程中发生安全事故而建立的安全管理系统,包括计划、组织、协调和控制等系列活动。

高速公路作为公路工程的重要组成部分,被誉为一个国家走向现代化的桥梁,是发展现代交通业的必经之路,有着缩小地区差别、建立统一的市场经济体系、提高现代物流效率、拉动经济的作用。自1988年我国大陆第一条高速公路——上海至嘉定高速公路的建成通车,我国的高速公路建设进入了高速发展的快车道。截至2021年12月,我国高速公路总里程已经超过16.9万公里,位居世界第一,正从交通大国向交通强国迈进。

1.2.1 行业安全管理政策

1)平安工地建设

2010年3月,交通运输部决定开展公路水运工程"平安工地"建设活动,据统计,2010年全国交通建设领域全年生产安全事故死亡人数首次控制在100人以下,交通建设行业百亿元投资死亡率指标低于全国建筑业平均水平,各地不断创新安全监管工作方法,总结安全监管工作经验,陆续组织创建"平安工地"达标验收工作,成效明显。

活动开展11年以来,"平安工地"创建已成为当前和今后一段时期交通行业施工安全生产工作的重要载体和主要抓手,是平安交通的重要组成部分,随着新安全生产法等一批法律、法规、政策的陆续出台,对建设工程施工安全提出了新的要求,也对平安工地赋予了新的内涵。为加强平安工地建设管理的实效性和规范性,完善制度的顶层设计,经认真梳理、总结分析既有的经验与存在的不足,2018年交通运输部印发了《公路水运工程平安工地建设管理办法》,同时修订出台了《公路水运工程平安工地考核评价指导性标准》。

《公路水运工程平安工地建设管理办法》要求,平安工地建设进入常态化、制度化阶段,提出"经依法审批、核准或者备案的公路水运基础设施的新建、改建、扩建工程在施工期间开展平安工地建设活动"。

2)施工安全标准化

施工安全标准化是通过落实安全生产主体责任,全员全过程参与,建立由安全生产各要素构成的企业安全生产管理体系,使生产经营各环节符合安全生产、职业病防治法律、法规和标准规范的要求,"人、机、环、管"处于受控状态,并持续推进。施工安全标准化政策的出台,经历了一个循序渐进的过程。

2011年,交通运输部颁布了《关于印发交通运输企业安全生产标准化建设实施方案的通知》(交安监发〔2011〕322号),要求交通运输企业全面开展安全生产标准化建设工作,实现企业安全管理标准化、作业现场标准化和操作过程标准化。

2013年,交通运输部印发《交通运输企业安全生产标准化考评管理办法》,办法明确规定了交通运输企业安全生产标准化建设范围为5大类,在此基础上又将港口码头单独作为一个管理单元进行建设标准化。

2016年7月26日发布实施的《交通运输企业安全生产标准化建设评价管理办法》对交通运输企业安全生产标准化工作的要求进行了完善和调整,明确了本标准为企业开展标准化建设工作的依据。

工程建设项目自实施标准化建设以来,各地根据实际,相继出台了地方的标准化建设指南,构建了公路水运工程施工项目的安全生产标准化体系,指导、规范公路工程施工项目建立具有实用性、操作性强的安全管理体系,并有效实施,提高安全标准化管理绩效,使公路水运工程施工项目的安全管理规范化、科学化。

3) 风险管理相关制度

交通运输工程建设推行风险管理的理念和技术经历了从起步到快速推进的阶段。

交通运输部2008年交通工作会议的重点工作之一就是要"抓好交通安全工作,加强建设项目安全监管。建立桥隧工程设计和施工安全风险评估制度并开展试点工作"。2009年2月,交通运输部印发《关于建立公路水运工程建设安全监管长效机制的若干意见》(交质监发〔2009〕78号),明确指出"对风险较大的重点桥隧工程和大型水上结构工程,应按规定开展安全风险评估及安全监测工作"。2010年4月,交通运输部印发《关于在初步设计阶段实行公路桥梁和隧道工程安全风险评估制度的通知》(交公路发〔2010〕175号),决定自2010年9月1日起,在初步设计阶段对公路桥梁和隧道工程设计方案实行风险评估制度。

为加强公路桥梁和隧道工程施工安全管理,优化施工组织方案,提高施工现场安全预控有效性,交通运输部印发《关于开展公路桥梁和隧道工程施工安全风险评估试行工作的通知》(交质监发〔2011〕217号),决定在施工阶段实行公路桥梁和隧道工程安全风险评估制度,并出台相应政策,形成系统施策,对风险评估工作进行推进。

2013年11月,党的十八届三中全会通过了《中共中央关于全面深化改革若干重大问题的决定》,明确"建立隐患排查治理体系和安全预防控制体系"作为安全生产的重要战略部署,全面推进安全生产风险管理,构建安全生产长效机制。2014年,交通运输部起草了《交通运输部关于推进安全生产风险管理工作的意见》(交安监发〔2014〕120号),同年年底,印发《交通运输部关于发布高速公路路堑高边坡工程施工安全风险评估指南(试行)的通知》(交安监发〔2014〕266号),并在2015年,出台《公路水运工程建设重大事故隐患清单管理制度》。

为加强公路水运行业安全生产风险管理,规范安全生产风险辨识、评估与管控工作,防范和遏制安全生产事故,依据新安全生产法和交通运输有关法律、法规和制度,交通运输部2017年制定《公路水路行业安全生产风险管理暂行办法》(交安监发〔2017〕60号),并于2018年10月和2019年1月,分别印发《公路水路行业安全生产风险辨识评估管控基本规范(试行)》(交办安监〔2018〕135号)和《公路水运工程建设项目生产安全重大事故隐患判定指南(征求意见稿)》(交办安监函〔2019〕131号)。

1.2.2 交通行业安全管理现状

公路工程项目建设是一个复杂的系统工程,工期紧,参建单位和人员众多,组织管理比较复杂,安全管理风险突出。自党的十八大以来,公路施工项目结合实际采取了一系列关于加强安全生产工作的措施,做了大量工作,摸索出了各具特色的安全管理方法和途径,使安全生产工作不断得到加强,施工安全组织、制度体系初步形成,施工安全管理逐步趋于规范,施工安全状况从总体上得到很大改善。但是必须清醒地认识到,当前施工安全事故尤其是重特大安全事故时有发生,造成人员伤亡严重,经济损失巨大,安全形势不容乐观。纵观我国公路行业建设管理中存在的问题,高速公路建设企业安全生产管理工作仍面临许多挑战,主要有如下几点:

(1)重治标轻治本,头痛医头,脚痛医脚,片面地将安全生产和职业健康、环境治理、基于全寿命周期的建管养一体化等割裂开来,缺乏项目建设大安全管理理念和安全管理系统策划,安全管理目标、理念不清晰。

(2)重经验轻科学,多数采用事故教训的经验型管理方法,安全管理缺乏专业性、体系性。

(3)重事后轻事前,项目前期工作简单、粗放,忽视筹建期安全生产管理的准备工作。

(4)重制度轻执行,企业主体责任不落实、监管环节有漏洞、安全管理体系不健全、执法监督不到位等问题突出,安全措施难有效落地。

(5)重成本轻效益,管理创新、技术创新基础薄弱,安全生产新工艺、新技术、新装备推广应用的激励和补助机制不健全,"机械化换人、自动化减人"推行阻力大。

(6)重文件轻文化,针对参建各方履约能力不平衡,建设团队、产业工人安全意识不强等问题,缺乏行之有效的安全教育培训和安全文化熏陶。

以上的管理问题再加上高速公路建设规模大,野外作业,自然环境差,建设周期长,动用大量的人力、物资、机械,点多线长面广,施工方法多样等造成了高速公路项目事故多发,与人民群众日益增长的安全需求,以及全社会对安全生产工作的高度关注形成了强烈反差,安全生产形势严峻。如何顺应新时代的安全管理新要求,大力推进理论创新、制度创新、体制机制创新、科技创新和文化创新,解决安全领域的不平衡不充分发展问题已经是全社会共同面临的一项重要课题。

第 2 章 系统大安全管理概述

2.1 安全管理的发展历程

安全管理是社会公共管理的重要组成部分,也称安全公共管理科学,是一个庞大的系统工程,涉及社会经济、科学发展的众多领域,已从纵向分科跃进到横向综合,成为安全科学这一浩瀚系统工程中的重要组成部分。

早期的安全管理,忽略人的价值需求,不重视事故、事件等具体物的安全管理,以利益至上为主。随着各类理论,特别是事故理论等研究的进步,安全生产的管理才集中在物本管理层面。随着社会的进步,人群关系学、行为科学的出现,特别是20世纪40年代以梅奥提出的以"社会人"为基础和前提的"人群关系学",促使"行为科学"(马斯洛需求理论)的产生,这些理论研究在不同程度上都对物本管理提出了批判。在20世纪80年代,以人为本的人本管理出现在美国、日本等国家的安全管理理念中。进入21世纪以来,人们对生活品质和生命与健康保障的要求越为强烈,西方发达国家的安全管理理论研究学者逐渐发现,对物的管理也必须通过对人的管理来实现,以人为本的本质安全理论逐渐盛行,物本安全、制度安全等成为当前本质安全的主要内容。安全管理的发展历程分为以下四个阶段。

(1)第一阶段:在人类工业发展初期,发展了事故理论,安全管理建立在事故致因分析理论基础上,是经验型的管理方式。这一阶段常常被称为传统安全管理阶段。

这一时期安全管理的基本出发点是事故,以事故为研究对象和认识目标,主要是经验论与事后型的安全哲学,是一种逆式思维(从事故后果倒追事件原因)。表现的是头痛医头、就事论事、被动和滞后。

(2)第二阶段:在人类工业化发展中期,在上一阶段的基础上发展出技术危险学理论,以技术系统危险性分析为理论基础,以缺陷、隐患、不符合为管理对象,具有超前预防型的管理特征。这一阶段提出了规范化、标准化管理,常常被称为科学管理的初级阶段。

科学管理的初级阶段研究对象以危险和隐患为主。以对事故因果性的认识,对危险和隐患事件链过程的确认,体现事件链的概念。事故系统的超前意识流和动态认识论,确定了人、机、环境、管理等作为综合要素的基础理论,并突出主张以工程技术硬手段与教育、管理等软手段共同作为综合措施,提出了超前预防和预先评价的概念和思路。这一阶段安全管理模式遵循如下关键技术步骤:查找不符合项(隐患)→分析成因→探寻关键问题→提出整改方案→实施改进→效果评价。这种模式具有超前管理、提前预防、标本兼治的优点,缺点是静态管理、实时性差,从上而下、缺乏现场参与、缺乏情景动态风险控制、无合理分级分类等。

(3)第三阶段:在后工业化时代,发展了风险学理论,安全生产科学管理建立在风险控制理论基础上,以系统风险因素为管理对象,具有系统化管理的特征。这一阶段提出了风险辨识、风险评价、风险管控,具有定量性、分级分类管控的特点,应用了预测、预警、预控的方法技术,是科学管理的高级阶段。

危险分析与风险控制理论,从事故的因果出发,着眼事故前期事件的控制,对提出超前和预期型的安全对策,提高事故预防的效果有显著意义和作用。但是这一理论还缺乏系统性、完整性和综合性。

(4)第四阶段:21世纪以来,本质安全学理论得以发展。在工业信息化和高技术不断涌现的阶段,需要推进"强科技"的物本安全和"兴文化"的人本安全相结合,发展基于安全原理并以本质安全为目标的管控体系,实现更为科学合理、有效的安全管理。

本质型安全模式也称为预防型管理模式,是一种主动、积极预防事故或灾难发生的管理方式。本质型安全管理模式以实现本质安全为目标,其关键技术步骤是:提出安全目标→分析存在的问题→找出主要问题→制定实施方案→落实方案→评价及目标优化→新的本质安全目标。本质型安全管理模式的特点是具有全面性、预防性、系统性、科学性,缺点是成本高、技术性强,还处于探索阶段。

2.2 系统大安全管理的理论来源及基础

2.2.1 总体国家安全观

1)总体国家安全观的提出

2014年4月15日,中央国家安全委员会第一次会议强调,坚持总体国家安全观,走出一条中国特色国家安全道路。会议首次提出总体国家安全观,并首次系统提出11种安全。会议指出,增强忧患意识,做到居安思危,是治党治国必须始终坚持的一个重大原则。党要巩固执政地位,要团结带领人民坚持和发展中国特色社会主义,保证国家安全是头等大事。当前我国国家安全内涵和外延比历史上任何时候都要丰富,时空领域比历史上任何时候都要宽广,内外因素比历史上任何时候都要复杂,必须坚持总体国家安全观。贯彻落实总体国家安全观,必须重视外部安全,又重视内部安全,对内求发展、求变革、求稳定、建设平安中国,对外求和平、求合作、求共赢、建设和谐世界;既重视国土安全,又重视国民安全,坚持以民为本、以人为本,坚持国家安全一切为了人民、一切依靠人民,真正夯实国家安全的群众基础;既重视传统安全,又重视非传统安全,构建集政治安全、国土安全、军事安全、经济安全、文化安全、社会安全、科技安全、信息安全、生态安全、资源安全、核安全等于一体的国家安全体系;既重视发展问题,又重视安全问题,发展是安全的基础,安全是发展的条件,富国才能强兵,强兵才能卫国;既重视自身安全,又重视共同安全,打造命运共同体,推动各方朝着互利互惠、共同安全的目标相向而行。

2) 党的十九大对总体国家安全观的坚持和强化

党的十九大把坚持总体国家安全观作为新时代坚持和发展中国特色社会主义的基本方略之一,纳入习近平新时代中国特色社会主义思想。十九大报告强调,统筹发展和安全,增强忧患意识,做到居安思危,是我们党治国理政的一个重大原则。2019年10月召开的党的十九届四中全会将安全与应急纳入国家治理体系和治理能力现代化范畴。

2.2.2 安全科学

安全科学是人类生产、生活、生存过程中,避免和控制人为自然因素带来的危险、危害、意外事故和灾害的科学。以技术风险作为研究对象,通过事故与灾害的避免、控制和减轻损害及损失,达到人类生产、生活和生存的安全。

安全科学是一门新兴的、边缘科学,涉及社会科学和自然科学的多门学科,涉及人类生产和生活的各个方面。从学科角度看安全科学主要包括:安全科学技术的基础理论、安全科学技术的应用理论、安全专业技术等。

安全科学不仅是一种重要的不可或缺的生产力,还是生产和社会发展的一种动力和基础保障条件。

2.2.3 系统工程学与安全系统工程

系统工程学是一门新兴的综合交叉学科。我国著名学者钱学森指出:"系统工程学是组织管理系统的规划、研究、设计、制造、实验和使用的科学方法,是一种对所有系统都具有普遍意义的方法。"日本学者三浦五雄认为:"系统工程与其他工程学不同之点在于它是跨越许多学科的科学,而且是填补这些学科边界空白的一种边缘科学。因为系统工程的目的是研制一个系统,而系统不仅涉及工程学的领域,还涉及社会、经济和政治等领域,所以为了适当地解决这些领域的问题,除了需要某些纵向技术以外,还要有一种技术从横的方向把它们组织起来,这种横向技术就是系统工程。"美国科学技术辞典的论述为:"系统工程是研究复杂系统设计的科学,该系统由许多密切联系的元素组成。设计该复杂系统时,应有明确的预定功能及目标,并协调各个元素之间及元素和整体之间的有机联系,以使系统能从总体上达到最优目标。在设计系统时,要同时考虑到参与系统活动的人的因素及其作用。"从以上各种论点可以看出,系统工程是以大型复杂系统为研究对象,按一定目的进行设计、开发、管理和控制,以达到总体效果最优的理论和方法。

高速公路安全管理就具有系统性,可从安全系统工程视角切入,对高速公路安全管理的理论和方法进行探索和实践。

2.2.4 海因里希事故因果连锁理论

20世纪初,资本主义工业化大生产飞速发展,机械化的生产方式迫使工人适应机器,包括操作要求和工作节奏,这一时期工伤事故频发。1936年,美国学者海因里希曾经调查研究了75000件工伤事故,发现其中的98%是可以预防的。在这些可以预防的事故中,以人的不安全行为为主要原因的事故占89.8%,而以设备和物的不安全状态为主要原因的事故只占10.2%。

海因里希在《工业事故预防》一书中提出了著名的"事故因果连锁理论",即伤害事故的发生是一连串的事件,按照一定的因果关系依次发生的结果。

海因里希把工业伤害事故的发生、发展过程描述为具有一定因果关系的事件的连锁发生过程,即:

(1)人员伤亡的发生是事故的结果。
(2)事故的发生是由于:人的不安全行为;物的不安全状态。
(3)人的不安全行为或物的不安全状态是由于人的缺点造成的。
(4)人的缺点是由于不良环境诱发的,或者是由先天的遗传因素造成的。

在该理论中,海因里希借助于多米诺骨牌形象地描述了事故的因果连锁关系,即事故的发生是一连串事件按一定顺序互为因果依次发生的结果。如一块骨牌倒下,则将发生连锁反应,使后面的骨牌依次倒下,这是系统安全工程的一个初步理论。

2.3 系统大安全管理是新时代安全管理的必然趋势

安全生产是复杂、艰巨的重大社会问题,安全科学是新兴的交叉复杂科学,综合治理是我国安全生产的基本方略。要实现我国的总体安全、安全发展和长治久安的战略目标,不仅需要法制化、规范化、标准化的对策,还需要系统化、科学化、精细化、智能化的策略举措;不仅需要问题导向(事后型、经验型方法论)和目标导向(制度型、指挥型方法论),还需要科学导向、规律导向,在安全生产领域实现全面型、系统型的方法论。

安全生产是一个系统工程,要将安全寓于生产、管理和科技进步之中,需要打非治违、事故查处、责任追究治标之策,以及监督检查、审核认证、行政许可等形式安全,更需要风险防控、超前预防、源头治理、标本兼治等本质型的系统大安全。

实现国家的总体安全、安全发展和推进安全生产领域改革和发展都需要大力推进理论创新、制度创新、体制机制创新、科技创新和文化创新。因此,在高速公路建管养全寿命周期下,如何把高速公路建设的生产安全、交通安全、消防、治安、环保等方面进行综合管理,建立"系统大安全"的综合安全管理模式,是新时代高速公路建设企业安全管理的发展趋势,推进系统大安全管理正当时。

2.4 系统大安全观的现实意义

推行系统大安全管理,打造项目本质安全是现代社会科学发展、安全发展的需要,是企业提升安全保障能力和事故预防水平的要求。

在宏观层面上,推行系统大安全管理存在如下现实意义:

(1)根本改变现实社会和企业普遍存在的"形式安全、应付文化"不良风气。目前我国生产经营单位的安全生产工作普遍存在"重治标轻治本、重经验轻科学、重形式轻实效、重事后轻事前、重制度轻执行、重处罚轻教育、重追责轻担责"非本质安全形态。通过推行系统大安全管理,根本改变这些"形式安全、表面安全""应付文化、有文无化"的不良风气。

(2)符合国家总体安全观和安全生产"机制创新、源头防范、系统治理"的安全改革发展的基本原则。2016年12月9日出台的《中共中央 国务院关于推进安全生产领域改革发展的意见》提出了"坚持改革创新。不断推进安全生产理论创新、制度创新、体制机制创新、科技创新和文化创新"和"坚持依法监管、坚持源头防范、坚持系统治理"等基本原则,其中,"机制创新、源头防范、系统治理"的目的和实质就是系统、全面的"本质安全"。

（3）符合目前安全在内涵、外延、政策法律沿革及导向等多个维度对各类安全融会贯通、整合集成的"大安全"发展趋势。

在微观层面上，推行系统大安全管理有如下现实意义：

（1）是促进企业安全发展的重要保证。实践证明，企业要安全发展、持续发展，仅仅采用事故教训的经验型管理方法，以及停留在仅落实法律法规的制度型或监督型管理方式上，是不理想和不够的。只有通过确立系统大安全管理理念、掌握安全管理理论、推行系统大安全管理，从根源、根本上落实安全生产法规，实现超前、系统、全面的安全管控，才能为企业安全发展的持续安全提供科学、有效的支撑和保障。

（2）是企业提升安全生产保障能力和事故预防水平的重要途径和有效手段。系统大安全管理强调从根本上、源头上控制危险源、管控风险因素、消除事故隐患，是一种超前式、预防型的管理模式，是科学、先进、有效的安全系统工程方法。它把安全管控的重点放在功能安全、系统安全，实行全要素、全过程、全方位的系统管控，使企业安全生产保持在最有效、最合理、最理想的运行状态。

（3）是企业实现安全生产长治久安的必由之路。推行系统大安全管理，是指与安全生产系统有关的基本要素，如人员队伍、技术设备、生产环境、制度流程（即人因、物因、环境、管理）等，能够从根本上保证企业生产安全可靠。长期以来，企业安全生产工作更关注于形式（审核、验收、检查）、外部（政府、中介、社会）、结果（事故、追责、查处），缺乏根源的、内在的、本质的控制和防范，因此，企业安全生产的持续性、稳定性较差。通过创建和推行系统大安全管理，实现人员无三违（违章指挥、违章作业、违反劳动纪律）、设备无故障、环境无缺陷、管理无漏洞，从而达到长治久安、持续安全的现代安全管理目标。

2.5 推行系统大安全管理的科学性和先进性

系统大安全管理，打造项目本质安全的科学性和先进性特征体现在如下方面：

（1）以人为本，系统治理。企业保障安全生产，首先要做到"综合治理""系统工程"。综合治理体现在事前预防、事中应急、事后保障的综合对策措施方面；系统工程的含义是从人的因素、技术因素、环境因素、管理因素入手控制事故致因，保障系统安全。在综合治理、系统工程的基础上，大安全管理强调超前预防、事前控制，这就提出需要"变事后管理为事前管理、变就事论事为系统防范、变成本观念为价值理念、变效率观念为效益理念、变应付文化为预防文化、变事故治标为安全治本、变他律他责为自律自责"。

(2)从形式安全到本质安全。国家安全生产规划中提出了筑牢本质安全防线的要求。大安全要体现出安全生产系统中人、机、环境、制度等要素从根本上防范事故、保障安全的能力和功能。大安全管理,一是要求提升生产力水平,从生产系统自身固有安全、功能安全出发,打造物本;二是从人因事故预防的要求出发,强化安全意识,提高人的安全根本能力,实现人本;三是从安全监管的机制、体制出发,推行治本和长效方略,提高安全监督管理过程中安全生产保障的效能和水平。

2.6 创建和推行系统大安全管理的主要目的和作用

推行系统大安全管理,打造项目本质安全有以下主要目的和作用:

(1)提高企业安全生产超前预防的能力和水平。预防为主是安全生产的基本方针,坚持突出预防、防范在先是安全生产的根本策略。通过系统大安全管理,使企业建立起科学的、系统的、主动的、超前的安全保障体系,实现对生产安全事故的超前预防,从而提升企业安全生产的保障能力,提高企业的事故防范水平。

(2)实现企业安全生产源头治理和系统保障。系统大安全管理的内涵是实现风险最小化、安全最大化的目标。大安全管理讲求科学防范、综合治理,致力于系统视野、实质改进。大安全管理强调以固有危险、现实风险为治理对象,以"人-机-环境-管理"要素为体系,透过复杂的现象,通过优化安全的资源配置和提高其安全要素的整体性,追求诸要素功能安全可靠、和谐统一。

(3)提高企业安全生产工作的合理性和有效性。通过系统大安全管理体系的构建,转变企业安全生产管理的方式方法,提高安全生产工作的科学性、合理性、有效性和持续性。

第 3 章 惠清高速公路项目系统大安全管理概述

3.1 惠清高速公路项目系统大安全管理的定义

惠清高速公路项目系统大安全关键体现系统性和大安全性。系统性和大安全性在时间上体现为安全管理的不同阶段、不同施工界面、不同工序的逻辑关联性，尤其是前期工作阶段、施工阶段、工程收尾阶段、运营阶段的影响关联性。

系统性和大安全性在空间上体现为安全管理范围的扩大，管理范围不仅限于施工主体，所有与施工关联的附属工程、线外工程、环境保护、水土保持、地质灾害等的直接或间接关联单位、关联事项都属于安全管理范围。

系统性和大安全性安全管理责任主体包括参建各方所有直接参与和关联参与单位，避免出现安全管理真空地带和安全管理中间地带。系统性和大安全性安全管理体现建管养一体化理念和项目系统本质安全理念。

惠清高速公路项目系统大安全管理是指惠清全体参建单位和参建人员共同参与，各方按照规定利用有效的人力和物质资源，建立科学、系统、主动和超前的安全保障和事故预防体系，通过规范化、专业化、标准化、系统化的管理制度和操作程序，对惠清高速公路项目建设施工全过程、技术工艺全环节、生产作业全要素，实施全员、全过程、全覆盖和全天候的安全管控，实现生产过程中人与机器设备、安全设施、环境条件、工艺工法相适应，达到惠清高速公路项目建设施工全过程、时间全天候、主体全员、界面全覆盖的安全生产可控、稳定的安全目标。

3.2 惠清高速公路项目系统大安全管理的内涵

系统管理是现代安全管理的重要标志。基于安全系统原理和事故致因的要素理论，人类的安全系统是人、社会、环境、技术、经济等因素构成的大协调系统。惠清高速公路项目推行系统大安全管理，针对安全系统的四个要素，建立了如下四个基本体系。

（1）人的系统大安全体系。即培塑全面安全型员工，实现惠清高速公路项目参建单位人人都是"安全人"。人的全面安全是推行全面安全管理的核心，即企业的决策者、管理层和执行层全员的全面安全化。要求惠清高速公路项目参建单位人人都具有正确的安全观念、强烈的安全意识、充分的安全知识、合格的安全技能，人人安全素质达标，都能落实责任、遵章守纪、依规管理、按章行为、干标准活、做规矩事，杜绝"三违"，实现从个体到群体的本质安全。

（2）物（装备、设施、原材料等）的系统大安全体系。即有效管控惠清高速公路项目施工现场技术系统的危险源、风险点，实现技术危险因素的风险最小化。任何工艺过程和作业岗位，生产都始终处于安全运行的状态。

（3）生产环境的系统大安全体系。即物化环境、自然环境、生产作业条件危害最小化。在功能上，一是工艺性能先进、可靠、安全，高危生产系统具有闭锁、联动、监控、自动监测等安全装置；二是对温度、气压、气流、光线等物理环境和空气中的有毒有害物质、化学环境，具有监测、监控功能，有提升、运输、通风、压风、排水、供电等主要系统及分支的单元系统，以及具备检测、自控功能。在作用上，一是能够有效避免因环境因素造成的人的不安全行为，二是消除环境因素造成的不安全事件和对人的直接伤害。

（4）监督管理的系统大安全体系。在惠清高速公路项目推行预防型安全管理模式，强化标准化、规范化、系统化、信息化、数据化，变经验管理为科学管理，变结果管理为过程管理，变事后管理为事前管理，变静态管理为动态管理，变成本管理为价值管理，变效率管理为效益管理，变因素管理为系统管理。

3.3 惠清高速公路项目工程概况及安全生产面临的困难和挑战

3.3.1 工程概况

惠清高速公路项目位于广东省中部，是广东省高速公路规划网"二横"线——汕湛高速公路的重要组成部分,是交通运输部绿色公路典型示范工程、科技示范工程,是广东省交通厅首批推荐部"品质工程"示范项目。惠清高速公路项目路线起于惠州市龙门县龙华镇,途经三市(惠州市、广州市、清远市)、五县(龙门县、从化区、佛冈县、清城区、清新区)、十镇(龙华镇、永汉镇、南昆山管委会、良口镇、汤塘镇、龙山镇、飞来峡镇、东城街道、凤城街道、太和镇),终于清远市清新区太和镇。

惠清高速公路项目全长 125.277km;桥梁合计 174 座,其中特大桥、大桥共 86 座,中桥 88 座,匝道桥 70 座,桥梁总长 52.46km(含匝道桥长);隧道合计 16 座,其中特长隧道 2 座,长隧道 5 座,中隧道 6 座,短隧道 3 座,隧道单洞累计长 40.82km;设互通式立交 16 处(含 1 处预留),其中高接高立交 5 处;设管理中心 1 处、服务区 2 处、停车区 2 处、集中住宿区 3 处、养护工区 1 处、匝道收费站 10 处。

惠清高速公路项目批复概算总额为 207.92 亿元,全线采用双向六车道建设标准,设计速度 100km/h,2017 年 3 月全面开工,于 2020 年 10 月建成通车。

3.3.2 安全生产面临的困难和挑战

惠清高速公路项目建设规模总量大,施工现场安全风险点多,安全生产管控形势严峻,压力巨大。其中,安全生产工作面临的主要矛盾和突出问题主要包括以下几个:

(1)人因——参与惠清高速公路项目建设的单位多达 38 个,施工高峰期同时有 18000 余名工人在施工现场进行作业,而且一线工人流动性大,队伍整体素质偏低。根据事故统计分析,企业 90% 的事故发生在生产一线,98% 的生产过程的事故与班组有关,可以说现场班组是企业事故发生的根源。因此如何规范施工一线工人的安全行为显得尤为重要和棘手。

(2)物因——根据总体安全风险评估结论,惠清高速公路项目全线共有 117 处三级(高度风险)风险点,其中桥梁 49 处、隧道 8 处、高边坡 60 处;目前我国的高速公路建设施工现场的安全防护设施普遍存在标准不一、良莠不齐、效率低下和缺乏科学验算依据的困境;施工高峰期,惠清高速公路项目每天平均有 130 余处人工挖孔桩、140 余处超过 20m 的墩柱、盖梁高空作业,30 余处隧道工作面,16 处涉路施工,280 余台特种设备……因此,如何提升生产力水平,从生产系统自身固有安全、功能安全出发,着力提升工程施工安全技术方案,着力提高施工现场安全防护设施的便利性、通用性和循环利用水平,并促进部分安全防护设施向模块化、装配化、专业化和工厂化发展,打造物的"本质安全"显得尤为重要。

(3)管理缺陷——虽然目前我国高速公路建设总里程已达 16.91 万 km,居世界第一,但高速公路建设施工安全管理水平仍处于初级阶段,管理模式普遍为事故型管理模式和缺陷型管理模式,存在事后整改,成本高,不符合预防原则或者管理实时性差,从上而下,缺乏现场参与、无合理分级、复杂动态风险失控等问题。因此，建立一种科学、系统、主动和超前的安全保障和事故预防体系，对惠清高速公路项目建设生产经营全过程、技术工艺全环节、生产作业全要素，实施全员、全过程、全覆盖和全天候的安全管控，使各种事故风险因素始终处于预控、预防的状态，实现惠清高速公路项目建设安全生产的可控、稳定的安全目标，具有极强的现实意义，同时也是我国安全生产发展和管理创新的必然选择和趋势。

（4）生产环境的缺陷——惠清高速公路项目全线有 16 座隧道、174 座桥梁、超过 20m 以上的高边坡 95 处。因此，如何降低隧道开挖时恶劣施工环境对工人的健康影响，如何提高人工挖孔桩工人施工的安全保障，如何提升墩柱盖梁施工时高空作业工人的安全环境，如何提高工人在架桥机、门式起重机、塔式起重机等特种设备工作时周围环境的安全性……遏制安全事故的发生，显得极为紧迫和重要。

3.4 惠清高速公路项目系统大安全管理创建模式及实施

3.4.1 系统大安全管理创建模式

惠清高速公路项目系统大安全管理的创建模式如图 3-1 所示。

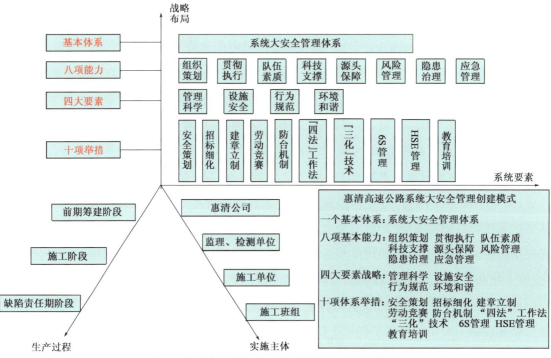

图 3-1 惠清高速公路项目系统大安全管理的创建模式

3.4.2　系统大安全管理内涵

惠清高速公路项目系统大安全管理的创建模式内涵:一是推行"管理的全面安全化——管理固安",做到科学、超前、系统管理;二是推进"物的全面安全化——科技强安",实现生产设备安全状态;三是运行"环境的全面安全化——环境创安",达到环境和谐;四是实施"人的全面安全化——文化兴安",强化参建人员行为规范。

(1)"管理的全面安全化"实施三大体系工程:安全风险管控体系深化工程、安全责任体系强化工程、安全监管体系完善工程;

(2)"物的全面安全化"实施"三化"强安工程:《广东省高速公路工程施工安全防护标准化指南》《广东省高速公路施工安全标准化指南》和《"两区三场"建设安全标准化指南》的编写和先行先试;

(3)"环境的全面安全化"实施两大体系工程:HSE(健康、安全、环境)管理体系、"6S"(整理、整顿、清扫、清洁、素养、安全)管理体系;

(4)"人的全面安全化"实施两大体系工程:安全文化体系培塑工程、安全教培体系优化工程。

第 4 章
管理固安——安全管理科学化

4.1 惠清高速公路项目在行业首创"安全管理策划"

鉴于目前我国的高速公路建设安全生产管控仍缺乏系统性、科学性和前瞻性的策划方案，为了建立起系统的、主动的、超前的安全保障体系，实现对生产安全事故的超前预防，提升惠清高速公路项目安全生产的保障能力，提高事故防范水平，更好地为项目的 16 个建设目标、8 大理念提供坚强的安全保障，在惠清高速公路项目前期筹建阶段，惠清公司率先在行业内编制并印发了项目系统化的安全管理策划。策划以创建"平安工地""平安工程"示范项目，执行"HSE"和"6S"管理办法，贯彻安全生产标准化为抓手，在项目前期筹建阶段、施工阶段和缺陷责任期阶段，通过组织、合同、经济、技术和管理措施，结合安全生产责任体系、制度体系、危险源辨识、风险评价与控制、培训教育与宣传、安全生产费用管理和安全生产应急管理等安全生产管理要素，推行全面安全管理体系，统筹项目的安全生产管理，打造项目的本质安全。安全管理策划的详细内容可见附录 A。

4.2 安全管理要求载入招标文件和合同

参加惠清高速公路项目建设的各单位均属于合同关系，招标文件是履行合同的根本依据，是决定项目建设成败的首要因素。惠清公司对招标文件的制定高度重视，不仅明确了专款专用的安全生产费用管理办法，专门制定了安全生产合同，还根据以往建设项目易犯、常犯的安全问题，结合广东省交通运输厅、广东省交通集团和上级单位检查的重点，细化了安全生产处罚一览表，如表 4-1 所示。

土建工程安全生产处罚一览表　　　　表 4-1

序号	处 罚 项 目
1	未按相关要求配备专职安全管理人员,处以违约金 30000 元/人,并限期整改,逾期按 3000 元/d 处罚,超过 10d,通报签约单位。发现"三类人员"和特种作业人员证书伪造,处以违约金 50000 元/人,并通报
2	"三类人员"和特种作业人员管理出现以下情况之一,处以违约金 5000 元: (1)"三类人员"和特种作业人员无证书,证书未复审或未参加年度继续教育; (2)无故缺席发包人组织的安全会议
3	未成立专职安全管理机构,处以违约金 20000 元。安全组织机构框图未悬挂,处以违约金 5000 元。安全岗位职责和责任人不明确,处以违约金 10000 元。未逐级签订责任书,处以违约金 5000 元,责任书签订不规范,发现一份处以违约金 5000 元
4	安全生产制度出现以下情况之一,处以违约金 5000 元: (1)未按照《广东省高速公路工程施工安全标准化指南》第一册 3.4 要求,建立全员安全生产责任制及考核奖惩等 23 项制度及各项应急预案等制度,制度无针对性或不落实; (2)未明确合法专业分包工程安全职责或不落实
5	未建立劳动用工人员台账,未执行用工实名制管理规定,处以违约金 50000 元,未办理意外伤害保险,处以违约金 20000 元
6	开工报告未批复就开工的,处以违约金 50000 元。危险性较大工程专项施工方案不全,少一项处以违约金 20000 元。未经施工企业技术负责人审核、签认处以违约金 20000 元。专项施工方案未报批或未经评审,发现一份处以违约金 20000 元。超过一定规模的危险性较大工程专项施工方案不按规定组织专家评审的,发现一份处以违约金 50000 元。施工现场未落实专项施工方案安全措施的,发现一处处以违约金 10000 元
7	安全生产管理策划方案、临时用电方案、交通协管员、施工车辆、安全设施巡查、重大节假日工作制度等,缺 1 项制度、方案或办法处以违约金 5000 元
8	风险和隐患管控出现以下情况之一,处以违约金 10000 元: (1)未按规定开展桥隧和高边坡施工安全风险专项评估; (2)未对作业人员进行风险书面告知; (3)重大危险源未制定安全管理方案,未明确责任人、控制措施不具针对性; (4)危险源识别不全或预控措施操作性不强。 对行业主管部门、业主等上级单位下达的隐患整改通知,承包人拒不整改或不能按期整改到位的,处以违约金 10000 元/条,取消现场生产副经理、技术主管当期的各类评先争优资格
9	施工组织设计、专项施工方案及临时用电方案出现以下情况之一,处以违约金 5000 元: (1)施工组织设计中无安全技术措施、措施不全、操作性不强; (2)施工组织设计审批手续不完善; (3)未按规定制定临时用电方案,方案中用电设备清单、负荷计算、用电工程图纸不完整,未标注用电平面布置图,无电工巡视维修保养记录或记录不连续; (4)未建立安全技术交底制度,安全技术交底资料不全,内容无针对性,未建立交底台账,记录不真实,未逐级交底

续上表

序号	处罚项目
10	机械设备管理出现以下情况之一，处以违约金5000元： (1) 特种设备未经检验合格投入使用，无日常检查维修保养记录； (2) 未建立机械设备台账，特种设备档案不规范； (3) 未编制专项方案，安装拆除由不具备资质条件的单位承担； (4) 预应力张拉作业未按规定采取安全防护措施，千斤顶的对面及后面站人； (5) 外露传动部位无安全防护罩，露天设备无防雨设施； (6) 乙炔瓶、氧气瓶之间安全距离小于规定，乙炔瓶、氧气瓶与明火之间安全距离小于规定； (7) 拌和、打桩或起重高耸设备未按要求安装避雷装置； (8) 门式起重机勾未装保险扣，门式起重机轨道末端未设置限位装置，门式起重机和架桥机闲置时不按规定用夹轨器或带梁体进行固定，门式起重机和架桥机、卷扬机钢丝绳有明显破损断丝； (9) 架桥机主衍梁主销没有安装开口销，架桥机前、中支腿没有安装限位装置；架桥机枕木老化破损，梁体架设完成后没有进行有效防倾倒措施
11	临时用电管理出现以下情况之一，处以违约金2000元/处： (1) 电力线路架设零乱，不牢固的，电杆、横担不符合要求的，架空线路、档距不符合要求的，电缆架设或埋设不符合要求的； (2) 在线路下方施工作业或搭设临时设施安全距离不够的； (3) 工作接地与重复接地不符合临时用电方案的； (4) 不符合"三相五线制"要求接线的，不符合"三级配电两级保护"要求的； (5) 保护零线与工作零线混接的； (6) 开关箱(末级)无漏电保护或保护器失灵的； (7) 不设电箱、漏电开关的，违反"一机、一闸、一漏、一箱"的； (8) 电源线老化、绝缘损坏、接头处无包扎的，电线随意拖地、浸水的，线路过道无保护或保护措施不符合要求的； (9) 专用保护零线和工作零线设置不符合要求的； (10) 手持电动工具、潜水泵、移动式电气设备不按规定设漏电保护开关
12	消防和危险品安全管理出现以下情况之一，处以违约金5000元： (1) 未制定消防责任制度，消防职责或责任人不明确，管理台账不全或更新不及时； (2) 未建立危险品管理办法，人员未持证上岗； (3) 未按制度落实危险品管理措施； (4) 未按规定配置消防器材，未按规定设置消防通道，无紧急疏散通道或被堵塞、空间不足的； (5) 油库与生活区、工作区安全距离不符合规定； (6) 高大建筑物及存在易燃易爆等危险场所，未按国家标准安装避雷设施，避雷装置未按规定定期检测； (7) 雷管、炸药同时同地进行装卸作业或混合存放的； (8) 民用爆破器材用人、自行车、摩托车、三轮车、畜力车、翻斗车及各种拖车运输的； (9) 违章、违规装药放炮的； (10) 路基工程施工或挖孔桩在夜间放炮、雾天放炮的； (11) 未设立爆破安全警戒区，张贴安民告示，放置警戒牌、设立固定和流动警戒哨，定时鸣哨警戒，爆破员、安全员等人员未到位放炮的，未在规定时间内取消张贴安民告示的； (12) 爆破余药当日未用完，在工地过夜或私存炸药的； (13) 爆破器材无专人保管、装卸的，未严格执行领用手续的； (14) 工地民用爆破器材库房条件、民用爆破器材配装不符合规范的； (15) 油罐距离住宅、办公区域不足60m的； (16) 承包人驻地建设未设消防设施的

续上表

序号	处罚项目
13	安全教育培训出现以下情况之一,处以违约金5000元: (1)未建立安全教育培训制度和计划,教育培训计划不合理,未按计划对相关人员进行教育培训,或教育培训不到位; (2)安全学习有代签名或弄虚作假(以记录为依据),安全学习、教育针对性不强; (3)不张贴宣传安全生产管理各项制度或宣传教育力度不够
14	应急预案及演练出现以下情况之一,处以违约金5000元: (1)未制定总体、专项应急预案,预案操作性不强; (2)未开展培训及演练; (3)无应急队伍、物资准备
15	防护栏杆、安全网、施工便道出现以下情况之一,处以违约金5000元: (1)高处、临边、临水作业未按要求设置防护栏杆、安全网或其他安全防护设施; (2)便道位置标志标牌设置不全; (3)下方有人员通行或作业时,未设置挡脚、防滑设施、安全网、安全通道
16	模板、支架脚手架施工出现以下情况之一,处以违约金5000元/处: (1)大型模板搭设、拆除未制定专项方案,或方案未经审批; (2)模板制作、存放、使用、拆除不符合方案要求; (3)大型模板使用前未组织验收,或验收程序不规范; (4)模板螺栓连接不规范(如未按要求上满螺栓或正反交替等); (5)未按方案搭设支架和脚手架; (6)对支架和脚手架的材料抽检数量不足,或材料无出厂合格证明,或抽检质量不合格; (7)对承重支架和脚手架未组织验收,未挂牌公示和公告; (8)承重支架使用前未进行预压,或预压不符合要求,支架地基未按要求处理; (9)安装、拆卸5m以上的模板,未搭脚手架、设防护栏杆,上下同一垂直面操作的
17	起重作业出现以下情况之一,处以违约金5000元: (1)使用起重设备运送人员,起重臂下站人; (2)起重设备违章操作、停机,未按规范放置枕木支垫; (3)起重等机械设备缺少安全保护装置,起重作业无联络信号或无专人指挥,非作业时无锚定装置; (4)高处露天作业,构件起重吊装时,未根据作业高度和现场风力大小对作业的影响程度,制定适合施工的风力标准,遇有六级(含六级)以上大风作业时,上述施工没有停止作业; (5)吊装作业不听从信号指挥,作业未在起吊物具上拴好溜绳,吊起物具就位前物具附近有人站立; (6)汽车起重机斜拉侧拉,软基段吊装支腿无枕木支垫,钢丝绳断丝严重

续上表

序号	处罚项目
18	桥梁施工出现以下情况之一,处以违约金5000元: (1)墩台施工未严格按专项方案组织实施; (2)脚手架及作业平台搭设不满足要求; (3)高处作业未按规定设置人员上下专用通道(8m以下设置防护斜梯,8m以上设置"之"字形、人形爬梯或梯笼); (4)跨公路桥梁施工时未安排交通管理人员值守,未设置限速、限高、防撞、防人员防杂物坠落措施; (5)桥涵施工采用多层作业或桥下通车、行人等立体施工时未布设安全网或未采取有效的安全措施; (6)进行钢筋绑扎和安装钢筋骨架高空作业时,未搭设操作平台的,操作平台外侧无防护栏杆和挂安全网的或不符合安全要求的; (7)人工挖孔桩未采用电动提升设备,吊钩、钢丝绳、钢丝绳卡、滑轮等不满足安全要求,卷扬机制动装置不灵敏的,卷筒无钢丝绳防脱装置的,没有安装有效防冲顶装置的,挖孔桩、成孔桩井口未超出地面30cm的; (8)深坑、深井作业未采取通风和有毒气体检测措施的
19	边坡或石方开挖未按设计进行围蔽、警示、防护或与施工专项方案不符,处以违约金5000元
20	路面施工出现以下情况之一,处以违约金5000元/处: (1)施工区域交通管理不严; (2)用工程施工车辆载人(严禁三轮车载人,发现按2~5倍处罚); (3)路面摊铺机、压路机械反光装置不符合要求; (4)夜间施工未申报专项方案或未按夜间施工专项方案落实安全管控措施; (5)车辆超速超载行驶的; (6)车辆未按交通指引设施行驶的,撞坏交安设施的
21	施工驻地出现以下情况之一,处以违约金10000元: (1)工棚、机械设备、临时设施和重要库房等,防洪、防火、防汛、防台风、防雷措施不当,或选址不符合安全要求; (2)生产、生活工区设置不合理; (3)生活区存放易燃易爆危险品; (4)装配式房屋无合格证
22	承包人安全生产费用必须专款专用,发包人将定期跟踪承包人资金使用情况,一旦发现承包人挪用发包人支付的安全生产费用,将对承包人课以挪用数额20%作为违约金
23	高处和水上作业出现以下情况之一,处以违约金2000元/处: (1)高处作业施工平台或脚手架不按要求铺设脚手板、在易坠落作业场所不按要求挂设安全网、高处和水上作业施工平台无防护栏杆和不设置围网防护的; (2)对使用不符合规定尺寸和要求的木脚手板(如有腐朽、断裂、扭疤或板厚不足5cm等),搭设的脚手板未捆绑牢固或出现探头板的; (3)斜梯无扶手或无防护措施的; (4)对使用长度超过2m的钢直梯未设防护圈的,对责任单位处以违约扣款500元/次; (5)跳板、通道或作业点距基准面2m以上或下有河流时,未按规定挂设安全网; (6)高处作业不按规定系好安全带; (7)高处作业随意抛掷物体和施工机具的; (8)对不遵守水上施工安全管理规定,在工作船、栈桥、水上施工平台和围堰等临水作业时不按要求穿好救生衣者

续上表

序号	处罚项目
24	深基坑施工编制专项施工方案,经审定批准。深基坑边坡、支护结构等应进行沉降和位移监测。堆载安全间距及安全防护满足设计或相关技术规程要求。违者每次或每处处以违约金 10000 元
25	基坑开挖时,不得采用局部开挖深坑及从底层向四周掏土,违者每处或每次处以违约金 50000 元
26	严格按照施工现场临时用电方案进行布设和使用,违者每处处以违约金 5000 元
27	对于安全风险大的高空作业、梁板吊装,要求制订安全预案,违者每次处以违约金 2000 元
28	梁板吊运安装施工方案应经过监理人审批,门式起重机要经相关质检部门检验检测合格,才能投入使用,违者每次处以违约金 5000 元
29	桥梁施工现场及构件预制场、钢筋加工场、搅拌站、施工驻地须悬挂安全生产标牌,预制梁应有防倾倒措施,违者每处处以违约金 1000 元
30	施工所用的各种机具设备和劳动保护用品,应定期进行检查和必要的检验,保证其经常处于完好状态,违者每次处以违约金 2000 元
31	出现以下情况每次处以违约金 2000 元: (1)施工车辆和机械带病上岗,操作人员无证上岗和违反操作规程; (2)发生各种事故苗头及事故未及时不整改和隐瞒不报; (3)每月安全大检查,安全管理人员无故不在位; (4)主要施工机械设备未悬挂操作规程; (5)作业人员酒后作业、机器设备带病作业的; (6)施工未进行安全交底,安全交底无记录的
32	施工现场人员出现以下情况,每人/次处以违约金 1000 元: (1)不戴安全帽; (2)高空作业不系安全带; (3)赤脚或穿拖鞋; (4)安全员、电工、装载机司机、运输车驾驶员、电焊工、混凝土工、起重机、架桥机等特殊工种未持证上岗的
33	安全生产费用出现如下情况之一,每次处以违约金 5000 元: (1)无安全生产费用使用台账或台账不清; (2)未按规定为施工人员办理意外伤害保险; (3)没有重大危险源、事故隐患的评估以及事故隐患的整改和预防事故发生等安全措施费用; (4)没有安全设施、更新安全技术装备、职工安全培训教育、劳动保护用品配备的资金投入; (5)未按规定足额有效投入安全生产费用
34	下挖施工达不到以下要求的,每处/每次违约金 5000 元: (1)施工前应根据设计文件复查地下构造物(电缆、管道等)的埋置位置及走向,并采取防护措施; (2)施工中如发现有危险品及其他可疑物品时,应即停止下挖,报请有关部门处理

续上表

序号	处罚项目
35	隧道施工达不到以下要求的,每次或每处处以违约金5000元: (1)作业人员佩戴安全帽、防护手套、穿反光衣,不赤脚、不赤身,设置应急箱、灭火器、逃生管等,焊工穿好绝缘鞋、绝缘手套、戴防护面罩; (2)隧道外设置各种操作规程牌、制度牌、标志牌,洞口实行门禁管理,设置门禁系统,有值班人,洞口有限速度标志、防火标志等; (3)严禁隧道内进行钢筋加工; (4)监控量测资料齐全,量测数据分析准确,施工负责人、技术负责人签字齐全; (5)隧道照明符合要求,积水; (6)消防器材充足; (7)按要求配备监控视频及作业人员定位信息管理系统,监控视频和定位信息失效

为了约束参建各方的安全生产管理行为,明确施工现场的安全技术标准,惠清公司编制了《惠清高速公路项目安全生产标准化管理手册》(以下简称《手册》)作为合同附件。《手册》以《广东省高速公路工程施工安全标准化指南》为主要参照,以推行规范化管理、标准化施工为抓手,定位于规范参建各方安全管理行为,完善工程项目安全生产管理体系,在领域内首次提出了工程项目系统化安全管理策划、招标阶段安全风险预控、专控工序质量安全同步验收、班组规范化管理、班前危险预知等新要求,积极推广劳务用工实名制和一线工人职业化培训新方法,推行安全防护设施设计标准化和施工机械信息化管理。

《手册》由管理行为、安全技术上、下册组成,内容涵盖了高速公路施工安全的主要要素,系统地提出了施工安全管理行为标准和安全技术标准,力求通过健全完善的安全生产管理制度,明晰和压实安全生产责任,细化作业标准,夯实安全生产基础,促进参建各方真正把安全生产放在首要位置,全面落实"一岗双责",做到关口前移、超前预控、有效防范、持续改进、构建长效机制。

《手册》上册立足项目全员、全过程安全管理,面向惠清高速公路项目参建单位,突出重点难点问题,明确设定了符合实际、可操作、能执行的安全生产管理行为标准,着力构建惠清高速公路项目施工安全管理体系,建立实操性好、务实高效、持续改进的运行机制,通过企业主体责任的落实来实现安全生产管理制度落地生根,从而为施工安全标准化管理提供基础支撑,发挥统领作用。《手册》上册内容涵盖惠清高速公路项目安全管理中的安全生产责任、安全生产管理制度、安全风险评估与预控、安全生产费用管理、人员与机械设备安全管理、安全培训与文化建设、安全技术管理、安全生产检查、安全生产应急管理、生产安全事故管理和安全生产内业资料管理等13个要素,内容上既独立成章,又相互补充完善,不仅明确了管理责任主体、管理内容和标准,还规范了管理程序,实现相关安全法律法规在惠清高速公路项目安全管理的具体化和安全管理制度建设的系统化。

《手册》下册按照"以人为本、预防为主、强化措施、三防并举"的原则,在现行高速公路施工安全技术标准规范基础上,结合惠清高速公路项目施工环境特点,以图文并茂的方式,从一般规定、安全要点、安全设施等三个方面,按照工序流程编写条文,体现安全防护标准化、施工安全技术标准化的具体内容,通过对现场安全主要要素的管控,以期提升惠清高速公路项目施工"本质安全"能力。《手册》下册分通用篇和专业篇。通用篇涵盖驻地建设及临建设施、临时用电、消防安全、特种设备、一般设备及机具、专用设备设施、爆破施工、恶劣环境施工、跨路跨线施工、取弃土场、标识标牌、个人防护与职业健康等。专业篇涵盖路基工程、桥涵工程、隧道工程、路面工程、交通安全设施、机电工程和房建工程。

4.3 惠清高速公路项目全面责任体系网络建设与安全管理制度建设

惠清高速公路项目在项目前期筹建阶段、施工阶段和缺陷责任期阶段,通过组织、合同、经济、技术和管理措施,结合安全生产责任体系、制度体系等安全生产管理要素,推行"全员、全过程、全覆盖、全天候"的TSM(全面安全管理)理念,具体如下:

1)全员

通过严格落实"党政同责、一岗双责、失职追责"的安全责任体系,要求项目业主、监理和施工单位按照相关的法律、法规建立安全生产组织机构,并通过制定和层层签订安全生产目标责任书,明确所有参建单位管理人员的安全生产职责,安全责任层层落实到人,职责分解一步到位,形成全员参与安全生产管理的责任体系。

2)全过程

通过项目安全生产管理策划,明确安全生产管理目标,从项目前期筹建阶段、施工阶段和缺陷责任期阶段全过程规划、组织、协调和监督落实整个项目建设期的安全生产管理工作。

3)全覆盖

通过组织、合同、经济、技术和管理措施,将安全生产责任体系、制度体系、危险源辨识、风险评价与控制、培训教育与宣传等安全生产管理要素串联起来,形成安全生产管理体系,实现施工现场的项目驻地、路基、桥梁、隧道、路面、绿化、交安和房建工程安全生产管理的全覆盖。

4)全天候

通过与当地气象部门或气象预报公司合作,获得精确的气象数据,对项目全线的天气进行监控,预报。踏准节奏,提前布置,抓住有利天气干活;及时预控,避免灾害天气带来的安全问题。对项目安全生产进行全天候,不间断,无缝式的科学管理。

责任制是安全生产管理的灵魂。为更好地落实 TSM 理念,惠清高速项目通过安全生产制度建设,不断夯实安全生产责任网络体系。《广东惠清高速公路有限公司安全生产管理规定汇编》(以下简称《规定》)和《惠清公司业主代表安全生产责任制考核管理规定》的印发和执行,就取得了良好的成效。

《手册》主要是针对各参建单位的安全管理行为和安全技术进行规范化、标准化的管理。《规定》分别就全员安全生产责任制及考核奖惩制度、安全生产会议制度、安全风险辨识、评估与分级管控制度、安全生产费用管理制度、安全生产教育培训制度等 11 方面对全体员工的安全生产行为进行了详细、具体的阐述和要求。《规定》的主要内容如表 4-2 所示。

广东惠清高速公路有限公司安全生产管理规定汇编   表 4-2

制度名称	主要内容
全员安全生产责任制及考核奖惩制度	制度明确了各层级之间安全生产责任书内容、签订频次、履行情况的考核、奖惩等内容
安全生产会议制度	会议分领导小组会议、安全例会和安全生产专题会等形式,会议制度包括制度适用范围、职责和工作程序,重点明确会议频次、参会人员、讨论议题、会议签到、会议记录和纪要等
安全风险辨识、评估与分级管控制度	制度明确了风险评估的范围、方法、程序、组织、报告格式、结果应用等内容
安全生产费用管理制度	制度明确了项目安全生产专项费用的适用范围、支付方式、审批流程和监督管理的内容
安全生产教育培训制度	制度明确了惠清公司内设机构的培训对象、内容、学时、频次和考核等内容
安全生产检查评价制度	制度明确了惠清公司安全检查的目的、要求、依据、标准、形式、内容、分工职责、频次、整改以及对检查效果的评价、奖惩等内容
安全事故隐患排查治理制度	制度明确了惠清高速项目安全事故隐患分级管理、一般事故隐患排查方式、治理措施和责任分工,重大事故隐患治理方案、挂牌督办等内容
生产安全事故报告制度	制度明确了事故报告的职责、内容、报送流程、时限等
"平安工地"考核评价制度	制度明确了惠清公司开展安全生产条件审查、施工过程"平安工地"创建内容、实施步骤、职责分工和考核评价标准、评价周期、考核结果应用等内容
安全生产奖惩制度	制度明确了惠清公司内部员工的安全生产激励、处罚的标准条件及具体方式等内容
安全生产应急管理制度	制度明确了惠清高速公路项目综合应急预案编制、审核的程序要求,预案构成的主要要素,应急处置组织、应演练培训、方案评审改进等内容

为了进一步加强广东惠清高速公路有限公司(以下简称"惠清公司")的安全生产管理,全面落实惠清公司业主代表安全生产"一岗双责"责任制,体现安全生产部监督、统筹职能,充分

发挥激励、约束机制在安全管理工作中的作用,强化安全红线意识,惠清公司出台了《惠清公司业主代表安全生产责任制考核管理规定》,要求业主代表每周对所辖标段开展不少于两次的安全巡查(特殊情况不少于一次),每周填写安全生产检查清单(表4-3)及配套的隐患整改通知单或书记项目督办单,签认并提交安全生产部存档。安全生产部履行监督职责,每两周发布一次业主代表安全生产履职情况报告。惠清公司每季度根据业主代表安全生产履职情况报告对业主代表进行考核,根据季度考核得分计算出年度综合考评结果,年度综合考评等级为"良好"及以上的给予奖励,评为"优秀"的在年度绩效考核总评分中加0.5分并考虑优先提拔,如被惠清公司季度考核为不达标的业主代表,由惠清公司安全生产领导小组进行诫勉谈话,并在年度安全生产考核奖励奖金中扣除相应的该季度奖金,连续两个季度考核评分排名为最后一名的业主代表,采取末位淘汰机制,进行岗位更换。此制度的高效落实完善了管业务必须管安全的全面安全管理体系,有效提高了项目安全生产管理的能力和水平。

业主代表安全生产检查清单(样表)　　　　　　表4-3

序号	项目分类	检查项目名称	周一	周二	周三	周四	周五	备注
1	临建	××班组驻地	□	□	□	□	□	
2	路基高边坡	××桩号~××桩号路基高边坡	□	□	□	□	□	
3	桩基	××桥梁××号墩	□	□	□	□	□	
4	墩柱盖梁	××桥梁××号墩	□	□	□	□	□	
6	架梁	××桥梁××号墩	□	□	□	□	□	
7	现浇(支架、挂篮)	××桥梁××号墩	□	□	□	□	□	
8	隧道(含炸药库)	××隧道左/右幅	□	□	□	□	□	
9	涉路跨路涉高压线	××桥梁××号墩/××桩号路基高边坡	□	□	□	□	□	
10	特种设备	××梁场门式起重机××桥梁架桥机	□	□	□	□	□	
11	其他							

巡查人员:　　　　　　　　　　　　　　　　　　　　日期:＿＿＿＿年＿＿月＿＿日

注:项目分类和检查项目名称由标段长根据标段实际情况自行填写。检查频率一般每周两次,特殊情况最低不少于每周一次。

4.4 打造惠清高速公路项目安全生产标杆劳动竞赛

惠清公司积极开拓创新,利用劳动竞赛的杠杆效应,编制并印发了"打造惠清高速公路项目安全生产管理质量标杆"建设活动实施方案,从优质优价奖励资金中提取了400万元用于奖励安全生产先进班组和个人,打破了安全管理只罚不奖的惯例,通过"三集中临时用电""安全爬梯""盖梁操作平台""现浇梁施工""梁板运输和架设施工""桥面施工防护""跨路施工""桥面防撞栏施工台车""隧道爆破安全管理""隧道施工""安全教育培训""高边坡施工"等十四个方面的综合考评,奖励了标杆工程90项、达标单位18家、优秀班组24个、先进个人25名,取得了良好示范及正面激励效果。

4.5 惠清高速公路项目首创防御台风工作手册

2018年9月15日,台风山竹来势汹汹。惠清高速公路项目位于7级风圈半径内,因部分路段地处山区或空旷处,实际迎风达到8~10级。在公司领导的带领下,惠清高速公路项目立即启动应急响应,成立了汕湛高速公路惠清项目防台风"山竹"24小时应急指挥中心,公司班子成员和部门轮班值守,统筹指挥施工现场的人员和设施转移。惠清高速公路项目在短暂的24小时内紧急加固设施设备354项,高效安全地撤离了7315人,展现了惠清人实战响应的速度和能力,充分保障了参建人员的安全,最大限度地降低了财产损失。同时,根据这次抗台风经历,公司组织人员完成了《惠清高速公路项目防台风防汛工作手册》的编写,形成了可复制,可推广的防台风抗汛宝贵经验。《惠清高速公路项目防台风防汛工作手册》详见附录B。

4.6 惠清高速公路项目安全管理首创"四法"工作机制

惠清高速公路项目的安全生产管理成果始于策划,基于创新,成于行动。为了使以上所提的策划、手册、规定和方案得到有效贯彻和落实,惠清公司提出"四法"工作法,狠抓现场落实,关口前移,重心下移,取得了良好的实效。"四法"工作法分别为一线工作法、清单工作法、隐患整改台账法和挂牌督办法。

(1)一线工作法——倡导和坚持事前和事中管理,提高工作成效,现场第一时间发现问题,分析问题,解决问题。业主单位以身作则,公司主要领导坚持每周不少于1天看工地,分管领导不少于2天看工地,部门负责人和业务骨干每周不少于3天在工地现场进行检查和现场办公。

(2)清单工作法——以问题为导向,带着问题,带着清单下工地是惠清公司各级管理人员巡查工地的标配。公司安全生产部每周更新惠清高速公路项目重大危险源清单,通过公司邮箱发送给全体员工,并编制和监督管理标段长周检巡视清单,确保一岗双责有效落地。

(3)隐患整改台账法——惠清公司视隐患如同事故,要求对隐患整改必须彻底,及时。为此,安全生产部每周更新业主、监理检查工地发现的问题隐患,列成台账,发给公司领导和业务部门,跟踪督办,不完成整改,绝不收兵。

(4)挂牌督办法——根据《公路水运工程安全生产监督管理办法》《公路水路行业安全生产隐患治理暂行办法》等法律法规和规范,结合广东省公路工程重大事故隐患地方基础清单,惠清公司将重大事故隐患纳入挂牌督办范围。Ⅰ级重大事故隐患按照规定向属地直接监管的交通运输管理部门报备,并定期上报动态处理结果;Ⅱ级重大事故隐患建立整改跟踪台账,逾期未消除重大隐患,启动经济处罚、通报批评、调整岗位、行政约谈等形式的问责机制,追究参建单位相关人员责任。

4.7 夯实安全管理内业规范化标准化

安全档案资料是各单位严格落实安全法律规范的具体体现,是事故责任追究的基础凭证,更是评价安全管理工作成效的重要依据。为进一步落实好《广东省高速公路工程施工安全标准化指南》及《惠清高速公路项目安全生产内业资料管理办法》等相关要求,加强项目安全档案资料标准化建设,惠清公司对项目各单位安全生产档案资料管理提出如下要求。

4.7.1 安全档案室设置要求

各施工、监理单位均应设置安全档案资料存档库和使用库。存档库用于存放施工建设期内往年度安全档案资料;使用库用于存放当年度安全档案资料。

1)存档库要求

(1)布局。存档库应在本标段工程档案室内划定区域布设,纳入工程档案室统一管理,使用面积应满足施工建设期安全档案资料存档需求。

(2)标识牌。档案柜上张贴明显的"安全资料存档库"门牌,门牌采用2mm厚高档亚克力有机板制作。

(3)档案柜。满足项目工程档案室有关档案柜的要求。

(4)档案盒。采用牛皮纸档案盒,存档资料按年度放置。

2)使用库要求

(1)布局。使用库应在安全部办公室内设置独立区间,并采用物理隔离。

(2)标识牌。档案柜上张贴明显的"安全资料使用库"门牌,门牌采用2mm厚高档亚克力有机板制作。室内应悬挂张贴安全内业资料目录及内容,并将目录及内容生成二维码张贴于醒目位置,便于信息化查询。

(3)档案柜。采用金属钢制文件柜(大器械文件柜),上三层为玻璃对开门,下两层为钢板密封对开门,每个档案柜长约800mm、宽约400mm、高约1800mm。档案柜数量不少于3个,存档安全档案的柜内不应存放其他杂物。

(4)档案盒。采用定制蓝色档案盒,档案盒正面标题为"安全生产档案资料",字体为宋体;下侧落款左侧为惠清高速公路项目logo(徽标),右侧为本单位logo,两个logo下方为标段简称,字体为黑体。

项目第三方单位安全档案室可参照此标准设置。

4.7.2 资料归档具体要求

1)当年度安全档案资料

(1)一般规定

①各施工、监理单位应按归档范围及内容,使用统一的文件盒编号及脊背名称,其他单位应参照使用,安全档案资料目录清单及内容见表4-4和表4-5。如有其他未纳入编排目录清单的安全资料,征得惠清公司安全部同意后,各单位可在已有的基础上添加。

施工单位安全档案资料目录清单及内容　　　　　　　　　　　　表4-4

类别	盒子序号	脊背标题	具体涵盖内容
安全生产条件	1	安全组织机构	1.安全组织机构图、安全组织机构成立文件;2.全员劳动用工花名册;3.安全生产"三类人员"(含专业分包、劳务分包)台账及证书扫描件;4.特种作业人员台账及证书信息表;5.安全生产许可证
	2	安全责任制度	1.本单位安全生产目标、管理规划及年度计划、年度总结等;2.安全责任书;3.全员岗位安全职责;4.安全生产责任制考核奖惩资料;5.安全生产责任险、意外伤害保险
安全生产管理制度	3	安全规章制度	1.安全规章制度汇编;2.安全操作规程;3.适用的法律法规汇编
	4	安全生产会议	1.会议台账;2.会议材料(会议通知、纪要、签到表、照片等)
	5	安全教育培训	1.教育培训计划;2.教育培训台账;3.项目部人员培训资料;4.班组培训资料(每份资料附培训记录、签到表、照片等)
	6	安全生产费用	1.费用使用计划表;2.费用使用台账;3.费用明细、凭证及计量支付审批资料
	7	危险物品管理	1.危险品管理制度;2.危险品管理人员证书;3.危险品进出库台账
	8	消防安全管理	1.消防安全责任制度;2.消防设施布设图;3.消防器材管理台账;4.消防检查巡视资料
	9	安全生产检查	1.安全检查台账;2.事故隐患动态治理台账;3.安全检查资料;4.上级有关部门和业主、监理等检查台账、检查通报及整改文件(与内部检查台账和隐患台账分开设置)
	10	安全奖罚考核	1.奖罚台账;2.奖罚相关记录单
	11	事故调查处理	1.事故处理及报告制度;2.事故事件文件

续上表

类别	盒子序号	脊背标题	具体涵盖内容
安全生产管理制度	12	项目领导带班	1.带班制度;2.带班计划及审批表;3.带班日志、带班记录
	13	安全文化建设	1.安全文化建设相关资料;2.劳保安全用品台账及领取台账和相关资料
	14	安全管理文件	1.上级或相关单位往来文件;2.项目部安全文件
	15	安全总结材料	1.安全总结类文件;2.安全生产报表;3.施工安全日志
安全技术管理	16	专项施工方案	1.危险性较大分部分项工程方案台账;2.危险性较大分部分项工程审核、批复文件,专项保证措施(安全验算结果)以及经专家论证的相关材料
	17	安全技术交底	1.安全技术交底台账;2.安全技术交底文件、签到表、照片、视频等
	18	安全风险预控	1.与分包、租赁、交叉施工等单位签订的各类安全合同或协议扫描件;2.重大风险源登记、监控、管理方案;3.风险源识别及安全风险评估相关资料;4.风险告知书
	19	施工临时用电	1.临时用电方案;2.用电平面布置图;3.电工巡视维修保养记录
	20	特种设备管理	1.特种设备台账;2.特种设备"一机一档"资料;3.设备进退场审批单
	21	船舶设备管理	1.船舶管理台账;2.船舶档案资料;3.进退场审批单
	22	应急体系管理	1.应急预案(包括综合预案、专项预案、现场处置方案);2.应急培训资料;3.应急演练计划;4.应急演练及总结资料;5.应急队伍;6.应急物资设备台账
安全专项工作	23	平安工地建设	1.平安工地建设方案及相关资料;2.月度自我考核记录及整改闭合单
	24	海事安全管理	1.水上水下相关作业施工许可手续;2.海事安全管理相关资料
	25	安全专项活动	政府部门布置的安全专项活动相关落实资料(如安全生产月、特别防护期等)
	26	班组安全管理	1.特色班组安全创建方案;2.特色班组安全管理文件
	27	安全标准化	安全生产标准化建设相关资料

监理单位安全档案资料目录清单及内容 表4-5

类别	盒子序号	脊背标题	具体涵盖内容
安全生产条件	1	安全组织机构	1.安全组织机构图、安全组织机构成立文件;2.监理人员名册;3.主要负责人及安全管理人员台账及证书扫描件
	2	安全责任制度	1.安全责任书;2.全员岗位安全职责;3.安全生产责任制考核奖惩资料
安全生产管理制度	3	安全规章制度	1.监理工作规划及报批文件;2.安全监理细则及报批文件;3.安全规章制度汇编;4.安全操作规程
	4	安全生产会议	1.会议台账;2.会议材料(会议通知、纪要、签到表、照片等)
	5	安全教育培训	1.教育培训计划;2.教育培训台账;3.教育培训文件(内部培训附培训记录、签到表、照片等,外部培训附培训通知、培训证书等)
	6	安全生产费用	1.审核安全费用使用计划、安全费用计量支付相关资料;2.对所管合同段安全费用建立统计台账;3.监理单位内部安全费用使用台账及相关资料
	7	安全生产检查	1.安全检查台账;2.事故隐患动态治理台账;3.上级有关部门和业主等单位的检查台账、隐患台账、检查通报及整改文件(与监理组织的检查和隐患台账分开);4.季度事故隐患分析报告
	8	安全监理日志	安全监理日志

续上表

类别	盒子序号	脊背标题	具体涵盖内容
安全生产管理制度	9	安全奖罚考核	1.对所管合同段奖罚制度;2.对所管合同段奖罚台账;3.对所管合同段奖罚相关记录单
	10	事故调查处理	1.事故快报;2.所管合同段"四不放过"资料
	11	安全文化建设	安全文化建设相关资料
	12	安全管理文件	1.上级或相关单位来文;2.总监办安全文件
	13	安全总结材料	安全总结文件
安全技术管理	14	专项施工方案	1.专项施工方案审核文件;2.临时用电方案审核文件;3.专控工序安全验收资料
	15	安全风险预控	1.所管合同段安全风险评估相关资料;2.所管合同段
	16	应急体系管理	1.施工单位应急预案审批资料;2.审查及参与施工单位应急演练相关资料
	17	安全条件核查	开工前安全条件核查表(监理及施工单位)
	18	特种设备准入	审核所管合同段特种设备及特种操作人员相关资料
	19	船舶设备准入	审核所管合同段船机设备相关资料
	20	特种人员准入	审核所管合同段特种作业人员相关资料
安全专项工作	21	平安工地建设	1.平安工地建设方案及相关资料;2.季度自我考核记录及整改闭合单;3.季度考核施工单位相关资料(检查通知、通报、整改回复、复查单);4.施工单位报备的自评表
	22	安全专项活动	政府部门布置的安全专项活动相关落实资料(如安全生产月、特别防护期等)

②文件盒脊背格式,应规范使用统一样式,如图4-1所示。

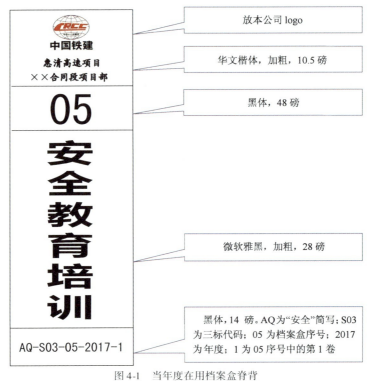

图4-1 当年度在用档案盒脊背

注:字体应按统一标准设置;字号可根据脊背大小调整。

③卷内目录应使用统一模板,如表4-6所示,卷内目录均应电脑打印,不可手写。

安全组织机构(与脊背标题一致)卷内目录　　　　　　　　表4-6

序号	文件编号	文件材料题名	日　　期	页次	备　　注
1	惠清〔2017〕01号	关于成立安全生产领导小组的通知	2017.01.01	1/100	100表示正反面相加总页数
2	惠清〔2017〕02号	关于成立安全生产领导小组的通知	2017.03.01	1/20	
3					
4					
5					
6					

④所有资料原则上按照时间先后顺序摆放(最新资料放最上面),如教育培训、安全交底、安全会议等,并用铅笔对应在文件左上角进行编号,分月度夹好或装订好,方便查找。

⑤安全会议、安全教育、安全技术交底、安全检查等应附上安全照片、视频等影像资料作为证明材料,照片储存应规范使用统一样式,并彩色打印。照片存档格式如图4-2所示。

高清照片

时　间:＿＿＿＿＿＿＿　　地　点:＿＿＿＿＿＿＿
事　由:＿＿＿＿＿＿＿　　摄影者:＿＿＿＿＿＿＿

图4-2　照片存档格式

⑥无特殊情况,所有入档资料均应统一使用黑色中性笔填写。

⑦安全台账类表格第一行表头底纹填充色采用"红65、绿150、蓝165"。

(2)特别规定

①安全组织机构图应客观反映安全管理架构层级,并悬挂于会议室内。

②领导班子及各部门的岗位安全职责应上墙;全员岗位安全职责应装订成册,并将册子派发至项目部全员、各工班。

③安全规章制度应汇编成册;安全操作规程(特指施工单位)应同步悬挂在施工现场相应操作岗位。

④安全生产检查及整改回复应形成固定模式。惠清公司层级安全检查后下发检查单(表4-7)或检查通报,施工、监理单位原则上均应按照检查回复单(表4-8)形式回复。涉及外部(上级)单位督查,明确要求红头文件回复时,按照惠清公司具体要求执行。

惠清高速公路项目安全生产检查单　　　　　表 4-7

编号：

检查时间		受检单位	
存在问题			
有关要求	要求　总监办对施工单位的整改回复情况组织复查后，于　　年　　月　　日将复查情况报惠清公司。		
抄送			
检查人员签名		责任单位签名	

注：编号中 S03 代表合同段编号，2017 为年度，01 为检查单序号。

惠清高速公路项目安全检查回复单 表 4-8

编号：

致：惠清高速公路项目××总监办 　　根据×××单位下发的安全生产检查单(编号：×××××)的要求，我部已于____年____月____日整改完毕，详见事故隐患整改图片，现申请复查。   　　　　　　　　　　　　　　　　　　　　　　项目部签字(盖章)：_____ 　　　　　　　　　　　　　　　　　　　　　　日期：　　年　月　日
监理单位意见： 　　我办已于____年____月____日对整改情况进行了复查，复查结果见①□/②□。 　　经查①：整改情况属实，已全部完成整改。 　　经查②：第_____项已完成整改，第_____项未整改到位，应于____年____月____日前整改完成后再次上报整改回复。   　　驻地办签字(盖章)：_____　　　　　总监办签字(盖章)：_____ 　　日期：　　年　月　日　　　　　　　　　　　　日期：　　年　月　日

注：回复惠清公司的安全检查单，惠清公司业务部门带队检查的由项目部安全总监和总监办安全总监签字确认；惠清公司领导班子带队的检查由项目部经理和总监办总监签字确认。

监理单位应将回复材料的电子版和纸质版同步提交给惠清公司安全部。整改照片均要求彩色。

⑤施工单位回复文件应逐条对应回复,每一条回复应注明整改责任班组长姓名、班组名称,并附整改照片(格式见表4-9),照片必须彩色打印。

事故隐患整改照片　　　　　　　　　　　　　　　　　　　表4-9

| 第____项_____。 |
| 整改责任人：__填写责任班组长姓名__；所在工班：_____。 |
| 附整改照片 |
| 第____项_____。 |
| 整改责任人：__填写责任班组长姓名__；所在工班：_____。 |
| 附整改照片 |

⑥特种设备实行"一机一档"管理。每台设备应编制特种设备管理履历表(表4-10)存档,并在现场张贴醒目的设备编号(项目部自行编号)、四证(三证+人员证书)、二维码(二维码内应至少包含设备图片、使用地点、设备型号、三证信息、维修保养等,满足建筑信息模型平台设备信息化管理要求)。

惠清高速公路项目××合同段特种设备管理履历表　　　　表 4-10

设备名称	门式起重机	设备编号	由项目部统一编号
使用地点		规格型号	
操作人员		进场日期	

附特种设备现场照片

附特种设备二维码，每台设备制作一个二维码

2）往年存档资料

（1）每年 3 月前整理完成上年度安全档案资料，并存档。

（2）档案盒编号及脊背名称内容参照本年度在用资料进行归档编制；脊背格式应规范使用统一样式，底色为白色，如图 4-3 所示。

（3）卷内封面及卷内封底应规范使用统一样式（表 4-11 和表 4-12），底色为白色。

图 4-3　牛皮纸档案盒脊背

注：字体应按统一标准设置；字号可根据脊背大小调整。

年度归档资料卷内封面　　　　　　　　　　　　　　　表 4-11

安全生产档案资料	
（填写脊背标题）	
建档时间	年　　月　　日

年度归档资料卷内封底

卷内备考表　　　　　　　　　　　　　表 4-12

本卷情况说明：
本卷___（填写脊背标题）___共包含___（填写归档的大致内容）___，其中纸质版档案____份，视频档案____份，光盘档案____份。 　（如有其他需要说明的情况,可在后面添加文字）
立卷人：　　　　　　　　　　　年　　月　　日 　　　　审查人：　　　　　　　　　　　年　　月　　日

3）电子资料

（1）电子资料应与纸质资料逐一对应建立文件夹，包括但不限于纸质资料内容，可根据工作开展需要在主目录文件夹下设置多个子文件夹。

（2）应增加"安全图片及视频"文件夹，将过程中的安全图片及视频按年度、月度进行归档汇总，并分类(分为优质、隐患等类别)整理。

（3）电子资料采用双备份方式，运用独立移动硬盘及云盘每月备份一次，确保档案资料安全。

4.7.3　人员设置及整理频率要求

1）人员设置要求

各参建单位必须指派专人负责安全档案资料管理，作为专门安全档案资料员。

2）整理频率要求

（1）各施工单位应每月 5 日前整理完成上月的安全档案资料。日常资料应及时归档存放。

（2）各监理及第三方检测、监测、咨询等单位应每两个月整理一次安全档案资料，每双数月份 10 日前整理完成前两月资料。日常资料应及时归档存放。

第 5 章
科技强安——安全设施全面标准化

物的不安全状态是造成生产安全事故的一个重要原因,但是惠清高速公路项目的主要风险"点多线长面广",而且目前我国的高速公路建设施工现场的安全防护设施普遍存在标准不一、良莠不齐、效率低下和缺乏科学验算依据的问题。为了有效管控施工现场技术系统的危险源、风险点,实现物的不安全状态危险因素的风险最小化,惠清高速公路项目勇于创新,全力推动"科技强安",一是 2016 年参编《广东省高速公路工程施工安全标准化指南》,并在项目先试先行;二是作为牵头单位,历时 9 个月,于 2018 年 11 月出色完成了交通运输部品质工程攻关行动中《"两区三厂"安全标准化指南》的编写、出版任务;三是 2019 年 9 月在人民交通出版社股份有限公司正式出版发行国内首部《公路工程施工安全防护设施技术指南》,为全国公路工程施工安全管理提供了广东标准;四是自项目全面开工以来,安全防护设施微创新活动在惠清高速公路项目的广泛开展,取得了预制箱梁液压行走式模板工艺、桥面装配式护栏等 65 项施工微创新技术成果,并编写、出版了《微创新助力品质工程创建——广东惠清高速公路实践案例》一书,助力提升和推广了科技强安;五是建立了集安全信息管理系统、重要工点视频监控系统、无人机辅助监控系统和隧道定位及门禁考勤系统等 11 个建设管理系统为一体的建设管理一体化平台,推进了智能一体化技术在项目管理中的应用。建立的建设管理一体化平台不仅通过统一招标节省了近 400 万(约采购价格的 14.2%),还为所有系统提供统一的登录管理、信息共享、智能整合和联动,可利用各系统数据形成综合统计报表,加强了项目的安全管理手段,提升了服务水平和管理效率。

5.1 广东省高速公路工程施工安全标准化

惠清公司 2016 年参编了《广东省高速公路工程施工安全标准化指南》(管理行为篇、安全技术篇)(以下简称《指南》),《指南》是理论创新和方法创新的结晶,对"十三五"期间高速公路安全生产管理程序、"一岗双责"的履行情况及现场安全行为等内容提出了全新的要求，惠清高速公路项目将指南先试先行，并持续全面宣贯落实，有效提高了惠清高速公路项目的安全生产管理水平。

5.2 "两区三厂"建设安全标准化

2018年2月1日，交通运输部办公厅印发了《品质工程攻关行动试点方案（2018—2020年）》，开展为期3年的品质工程攻关行动，旨在解决公路水运工程建设重点领域的突出问题，提炼、推广先进工程技术管理经验，完善有关工程质量安全技术标准，全面提升工程质量安全管理水平。鉴于在"两区三厂"安全标准化方面的突出表现，惠清高速公路项目被列为交通运输部品质工程攻关行动中"两区三厂"施工安全标准化攻关行动的广东试点项目。该攻关行动由广东省牵头，四川省、辽宁省参加，经过近9个月的不断努力攻关，2018年11月，作为第一个完成的公关行动，《"两区三厂"建设安全标准化指南》（以下简称《指南》）圆满完成出版发行。《指南》紧密围绕现阶段我国公路建设"两区三厂"建设现状，以本质安全为主线，以避免"两区三厂"发生群死群伤类事故为出发点，明确了"两区三厂"选址、规划、设计、建设、拆除、验收、运营、维护、应急等方面的具体要求，是对《高速公路施工标准化技术指南》（第一分册：工地建设）中选址条件、建设标准和布局未充分考虑安全方面的创新，以及是对典型事故案例教训的总结、提炼，是深入建设品质工程的实际体现，是实现交通运输行业健康发展的重要举措，是建设交通强国的安全保障。《指南》实施生效后为我国"两区三厂"建设提供了技术支撑，填补了原有规范、标准中选址条件、建设标准和布局安全方面的空白。与此同时，《指南》规范了选址和地质灾害评估程序，界定和明确了相关建设指标，给出了计算范例，对施工单位的安拆资质进行了明确规定，大大改观了原有"两区三厂"标准不一、质量良莠不齐的建设现状。另外，惠清高速公路项目认真开展试点工作，理论实践同步进行，各试点项目均通过攻关行动，有效提升了项目"两区三厂"建设水平。

5.3 广东省高速公路工程施工安全防护标准化

2017年1月17日，广东省交通运输厅发文委托惠清高速公路项目开展"广东省高速公路工程施工安全防护标准化课题"研究和产品的先行先试，通过广泛调研和反复论证，总结吸纳先进技术和经验，扎实开展公路工程施工安全防护设施的相关专题研究，在坚持安全可靠、经济适用原则的基础上，着力提高安全防护设施便利性、通用性和循环利用水平，推动关键安全防护设施向模块化、装配化、专业化和工厂化发展。经过两年多的努力，取得了丰硕研究成果，2019年11月，国内首个体系完整、实用性强的施工安全防护设施技术标准——《公路工程施工安全防护设施技术指南》(以下简称"《防护设施技术指南》")由人民交通出版社股份有限公司出版发行，制作的桥面临边护栏、整体装配式高墩墩身钢筋操作平台等12项现场安全防护标准化设施，提高了惠清高速公路项目安全防护设施"本质安全"水平，降低了施工风险，提升了公路工程施工安全管理水平和实效，在安全防护设施管理方面走在了全国前列。

《防护设施技术指南》坚持以人民为中心，以构建新时代公路工程施工安全防护体系、降低施工安全风险，预防和减少生产安全事故为目标，注重四个导向：一是问题导向，通过广泛调研安全防护设施的制造、使用情况，针对公路工程施工安全防护设施无统一的技术标准要求等问题，研究其功能划分和分类方法，明确其通用技术要求，防止"安全设施不安全"；二是目标导向，重点攻关应用范围广、易导致生产安全事故的安全防护设施，着力提升其安全水平、使用效能和经济性；三是强化管理导向，对不同类安全防护设施，分别提出一般规定、技术、安装、验收、使用维修和拆除等方面要求，制定验收、检查管理表格，以改进重制造轻创新设计和重使用轻安装验收、轻维修保养的短板，为实现安全防护设施的全过程提供参考；四是产研用结合导向，研究和生产制造相结合、互促进，成熟一批(套)，制造、试用、推广一批(套)，及时反馈，持续改进。

《防护设施技术指南》按照突出安全防护设施的功能用途定位，以及推进其向模块化、装配化、专业化和工厂化发展的理念，在国内首次提出了安全防护设施新分类方法，将安全防护设施分为防护栏杆、安全通道、作业平台等12大类。《防护设施技术指南》共分15章，4个附录，并附条文说明。主要章节包括：总则，术语，基本规定，防护栏杆，安全通道，作业平台，防护棚，防护罩、盖，抗风设施，支架设施，电缆敷设设施，防撞设施，警示、隔离设施，应急设施，其他防护设施；附录主要包括：编写依据、安全警示色、安全防护设施验收(检查)表和安全防护设施使用范围对照表。《防护设施技术指南》可供新建、改(扩)建等公路工程施工参考使用。

5.4 微创新助力品质工程创建

2019年7月，广东惠清高速公路有限公司全面总结了广东惠清高速公路建设项目的微创新技术，出版了《微创新助力品质工程创建——广东惠清高速公路实践案例》一书，对微创新技术的基本信息、一般要求、工艺流程、技术标准等进行了系统介绍，集指导性、资料性与实用性于一体。全书共分6章，共65项微创新技术，分别介绍了大型临时设施工程、路基工程、桥梁工程、涵洞工程、隧道工程及信息化管理的微创新技术。其中,涉路边坡围蔽施工创新技术、墩柱盖梁施工安全标准化微创新、封闭式挂篮、桥面中央分隔带安全通道、桥面装配式护栏、隧道防爆隔声卷帘门和无人机技术在高速公路建设施工信息化管理中的应用等安全生产微创新技术不仅大大提高了惠清高速公路建设期的现场安全管理水平,也为其他建设项目提供了有益的启发和参考。

5.5 惠清高速公路项目建设信息一体化系统

为解决建设管理各个系统数据难以共享、建设单位系统管理效率偏低、采购繁杂等问题,惠清高速公路项目打破常规,将项目建设综合管理平台、公路项目建设管理系统、安全信息管理系统、公路工程质量管理系统、建设项目档案管理系统、农民工工资管理信息系统、重要工点视频监控系统、路面施工管控系统、混凝土拌和站智能数据采集和温控系统、无人机辅助监控系统和隧道定位及门禁考勤系统统一打包招标,并统一建立了建设管理一体化平台,对项目中各子系统软件进行系统性整合,实现了单点登录、信息推送、统一展示待办事宜及报警信息和数据共享等软件功能。在硬件方面,更是通过采用云平台超融合服务器和虚拟化技术,为各子系统提供了服务器资源池,推进了智能一体化技术在项目管理中的应用,更是直接提升了项目安全管理信息化的效率和水平。其中,安全信息管理系统具备安全基础工作、危险源数据库、隐患排查、应急管理和安全宣传等五大功能,通过系统填报参建各方安全履职信息和业主定时检查,压实了各方的安全生产责任,提高了项目安全风险防范和隐患排查整治水平;重要工点视频监控系统是通过在项目全线重要工点(主要为隧道、特大桥等)布设28个高清摄像头,并运用网络信号进行实时传播,实现对重要工点全过程、全方位、全天候监管;隧道人员定位及门禁系统包括隧道高精度无线定位系统、隧道门禁管理系统、人行通道门禁系统和车行通道门禁系统。通过上述系统实现了隧道施工人员考勤、跟踪定位、交通管理功能,并为灾后急救、日常管理提供了有力的信息支持。

第 6 章 环境保安——推进环境的全面安全化

6.1 文明施工及"6S"管理

为全面提高惠清高速公路项目的文明施工及"6S"管理水平,树立精品意识,全方位打造精品工程,进一步提升项目施工场地的规范化、标准化和精细化管理水平,提升参加人员的整体素质和工作效率,建设一个舒适、整洁、规范的工作和生活环境。根据惠清高速公路项目合同条款、《高速公路施工标准化技术指南》《广东省高速公路建设标准化管理规定》《中华人民共和国环境保护法》《中华人民共和国水污染防治法》《中华人民共和国水土保持法实施条例》,以及本项目双标管理办法等文件的规定,惠清公司制定了惠清高速公路项目的文明施工及"6S"管理体系并进行实践。

6.1.1 "6S"管理目标

通过对各参建单位的驻地办公室、临建设施、施工现场等进行文明施工管理及"6S"管理,使本项目完成以下目标:

(1)创建安全、文明、整齐、清洁和秩序井然的办公及施工作业环境。

(2)施工作业全过程的规范化、标准化,管理水平有明显提高,施工作业流程更加科学、规范、标准,制度更加健全完善。

(3)建设组织纪律严明、岗位行为规范、文明素质高、工作效率高的工人队伍。

6.1.2 管理要求及实施

1)项目部驻地及其他临建设施建设管理

(1)各合同段项目部场地选址及建设布局等应做到合理布局、功能齐全、安全环保,同时各项目合同段必须配备洒水车,保障项目部驻地、拌和站、小型构件预制厂、钢筋加工厂、施工便道等临建设施的扬尘控制。

(2)生活废水、废料、垃圾集中堆放,统一处理。

(3)各合同段项目部需制定文明施工制度,并成立文明施工组织机构,并悬挂文明施工宣贯教育牌。

(4)各合同段项目部拌和站场地、钢筋加工厂、预制厂、小型构件预制厂及隧道临建场地选址及建设布局等必须严格参照《高速公路施工标准化技术指南》《广东省高速公路建设标准化管理规定》及本项目标准化补充规定执行。

①场地合理布设排水系统及设置分级沉淀池和洗车池,严格控制地面积水。生活废水、废料、垃圾等集中堆放,统一处理。严禁污染物直接排向当地河流、湖泊、其他水域及附近饮用水附近的土地,以免造成污染。

②严格控制场区扬尘,并保证每天不少于两次(上午、下午各一次)的洒水作业,确保场内的整洁干净。

③严格控制噪声,夜间高噪声施工的,需制定专项方案上报当地相关政府部门,并与当地政府部门进行沟通协调。

④必须严格保障隧道施工作业人员的人身安全及身体健康,对粉尘及其他有害气体采取抑制措施,确保场内的整洁干净。

⑤隧道场地须合理布置,按规定设置门禁系统。

2)施工便道(桥)安全管理

(1)各合同段项目部所有施工便道及使用地方道路作为施工便道的,尤其是靠近居住区的便道,务必完善排水系统。对施工便道(桥)进行洒水作业,保证无扬尘、路面干净整洁。同时对使用地方道路作为施工便道的,承包人必须提前与有关部门签订协议,待工程完工后按照协议进行补偿或者修复。

(2)施工期间应安排专人负责对于施工便道(桥)进行日常管理及养护。

(3)工程完工后,承包人需将施工便道(便桥)予以拆除。当地部门要求保留时,要与相关部门签订好协议,否则应予以复耕或对河道进行清理。

3）现场人员安全管理

参建各方必须将文明施工纳入重要议事日程，制定文明施工制度并予以实施。重视文明施工的重要性，全面加强施工现场管理，提倡规范作业，保证施工现场组织有序、内部管理严密、有条不紊，并加强文明施工的宣传教育，提高现场施工队伍、班组作业人员的文明施工意识。其中：

（1）尊重当地的乡规民约和风俗习惯，正确处理与地方各级政府的关系，尊重当地民俗，避免人为造成不必要的矛盾和斗殴事件发生。

（2）不得随地大小便。

（3）驾驶员必须做到文明驾驶，安全行车。

（4）文明着装，不得赤脚、穿拖鞋或光膀子进入施工现场作业。

（5）项目部必须要求现场施工队伍集中办公、住宿并提供必要的劳保用品。施工现场场地必须按照相关规定进行场地硬化。驻地需配备工地大门、办公室、宿舍、食堂、冲凉房、厕所等设施，以保障工人的合法权益。

（6）食品管理应符合卫生标准，炊事员和茶水工上岗应持有健康证明。夏季施工应有防暑降温措施，并发放相应防暑降温费用。

（7）必须对现场作业人员进行文明施工的宣传与教育工作。项目部每月组织各施工队伍负责人进行文明施工的宣贯教育会议，并保留会议影像资料及会议签到表；施工队伍每月组织现场工人进行文明施工的宣贯教育会议，项目部固定人员进行旁听，并保留会议影像资料及会议签到表。针对新进场的工人单独或分批进行宣贯或教育，周期在一个月之内。

4）施工现场场地安全管理

（1）保持施工现场的清洁卫生，落实专人负责。施工现场内的各类炉灶禁止使用有毒物质作为燃料，禁止燃烧各类建筑废料和生活垃圾。施工现场应当落实各项除"四害"（老鼠、苍蝇、蚊子、蟑螂）措施，严格控制"四害"滋生，无力自行落实除"四害"措施的，可委托社会服务机构代办处理。

（2）项目部施工机械设备要停放整齐有序，场地道路、生活设施布局合理，并纳入施工组织设计。结构物完工后，要及时清理支架模板，分类堆放整齐，剩余的砂石材料要及时转运至其他施工点。

（3）结构物施工过程中必须参照现有的规范及部、省、厅级文件和规章制度，要求各项目部做到施工文明规范，具体如下：

①路基工程。

完善路基施工临时排水，土石方填筑时为防止泥水污染农田、水塘，填方边坡要设置临时急流槽，结构物施工时要保证不影响农业排灌，路基开挖要有秩序，取土场不能无规则乱挖，要有次序分层取土，避免取土后形成积水坑。

路基和结构物施工时，清淤、弃土和路面施工清理的废料要运至弃土场，妥善处理，不能乱堆、乱放。施工垃圾应当集中堆放并及时清理，注重施工的整体形象。

②桥梁工程。

钻孔桩泥浆沉淀池的沉渣需安排专人负责清理。钻孔桩泥浆要集中处理，未经沉淀的泥浆不得直接排入下水道或江河。

桩工机械应外观干净，注意保养，使用完后及时清理，整齐堆放。

要采取一切合理措施保护现场内的环境，避免由于施工操作引起的粉尘、有害气体、噪声等对环境的污染，或其他原因造成的人身伤害或财产损失；要采取可靠措施保证原有交通的正常通行和维护沿线村镇的居民饮用水、农田灌溉、生产生活用电及通信管线的正常使用。

施工期间，应不影响邻近建筑物、构造物的安全与正常使用，不影响、不干扰群众的通行方便。

正常情况下，项目部施工队伍在施工中要注意不影响通航，要维持好原有道路的畅通。特殊情况下需封航或封路的，需征得有关部门同意和配合。

③隧道工程。

施工期间必须建立良好的排水系统，安排专人对排水沟及洞内行车道进行清理与清扫，保证水流畅通。

施工中应严格保护原有的自然植被，洞口挖方地段地表植被在挖土前，先行挖除并选址放置，并适时洒水培植，供工程完工后恢复地表植被时使用。

隧道洞渣统一调配，弃渣严格按业主指定的地点堆放。弃土完毕后，进行防护并设排水沟，顶部平整并覆盖，或撒播、移植适于当地气候、土壤的植被。

施工弃渣、废料等弃于指定地点。生活垃圾集中后运至指定地点处理。禁止乱丢乱弃，污染水源。

对各种脱模剂、混凝土外加剂等化工产品严格控制，小心使用，防止流入附近水源中。

合理规划施工便道和施工场地，固定行车和行人路线、便道宽度，尽量少扰动地表，少破坏地表植被。

施工中应采取措施严格控制扬尘。运输便道经常洒水，混凝土搅拌站搭设防雨棚，防止水泥粉尘飞扬。

合理划定施工、生活区域，并设立限界标志。

特殊材料管理作为隧道施工安全管理的重中之重，对于隧道中有毒、易燃、易污染环境的特殊材料的存储、使用和处理还需落实以下要求：

a. 特殊材料储存。

a)制定特殊材料入库验收制度,严格核对、检验进库特殊材料的规格、质量、数量,以及有无完整的安全技术说明书和安全标签。

b)易燃特殊材料。在领料时,任何人员不得将烟火带入。

c)严格控制特殊材料的发放手续,认真核实发放特殊材料的名称、用途和签名。做到无登记或缺少手续的不发放。

d)应经常对特殊材料和储藏室进行定期和不定期的检测。

e)保管人员应根据所保管的特殊材料的性质,配备必要的防护用品器具。

f)库房不准住人,每日工作结束后,应当进行安全检查,然后关闭门窗,切断电源后方可离开。

g)有毒特殊材料应储存在阴凉、通风、干燥的场所,不在露天下存放。

b. 特殊材料使用。

a)使用的有毒特殊材料应有标识,有毒特殊材料应有安全标签,并向操作人员提供安全技术说明书。

b)在使用有毒、易燃、易污染环境的特殊材料的作业场所应挂、贴作业场所标签,确保员工辨别安全标签。

c)使用人员应根据所使用特殊材料的性质,配备必要的防护用品器具。

d)项目应将危险特殊材料的有关安全的卫生资料向职工公开,教育职工识别安全标签,了解安全技术说明书,掌握必要的应急处理方法和自救措施,并经常对使用特殊材料的场所进行检查。

e)严禁直接接触有毒特殊材料。

f)特殊材料使用过程中严禁无关人员进入。

g)装卸运输人员,应按其装运特殊材料的性质,佩戴相应的防护用品,装卸时必须轻拿轻放,严禁摔、拖、重压和摩擦,不得损毁包装容器,并注意标志,堆放稳妥。

c. 特殊材料处理。

a)有毒特殊材料用后的包装箱、纸袋、瓶、桶等统一收回管理。

b)用剩材料统一交回储存室,严禁擅自处理。

c)由项目分管负责人通知物资部,物资部负责联系环境保护部门对有毒、有害物品进行回收处理。

d)为了有效保护环境,减少污染,任何个人都不得将有毒、有害物质任意排放。

e)对违反上述规定的当事人,视情况轻重追究其责任。

6.1.3 "6S"管理体系要求及实施方法

"6S"的定义:整理(SEIRI)、整顿(SEITON)、清扫(SEISO)、清洁(SEIKETSU)、素养(SHITSUKE)、安全(SAFETY)第一个字母的缩写。

"6S"管理的适用范围:适用于全线各参建单位驻地办公室、试验室、拌和站、钢筋加工厂、预制厂、桥涵和隧道施工作业等场地。

"6S"管理的 PDCA 管理程序如表 6-1 所示。

"6S"管理的 PDCA 管理程序　　表 6-1

主要流程		步　骤
P	成立组织架构	1. 确定领导小组、工作小组; 2. 明确各级组织的职责
	制定实施方案	1. 制定总体方案; 2. 制定各场所的"6S"实施规范标准及相关记录
	开展教育培训和宣传	1. 各参建单位自行组织部门员工开展培训教育; 2. 开展标识标语等宣贯工作
D&C	开展"6S"管理试点活动	1. 运用各种"6S"管理方法,按照各场所的"6S"管理规范标准推行"6S"活动; 2. 在生产现场进行 PDCA 管理循环,不断完善; 3. 组织各部门在试点活动中进行学习
	全面推行	1. 按照"6S"管理规范标准在生产现场范围内进行"6S"活动; 2. 检查督导,按照检查考核办法,组织检查评比; 3. PDCA 管理循环,不断完善
A	巩固与提升	1. 通过进行定期和不定期检查,提出整改意见并督促责任单位进行整改; 2. 各参建单位及施工班组进行整改

1)整理(SEIRI)

(1)定义:整理就是将所有办公场所及作业场区的物品、机械设备进行分区管理,将办公及施工作业场所的各种物品分为需要品和不需要品,保留有用的物品,更新破损的及过期的物品,撤除不需要的物品。

(2)目的:清除零乱根源,腾出空间,防止误用,塑造清晰的工作场所。

(3)实施步骤:

分类→归类→制定基准→判断"要"与"不要"→处理→现场的改善。

(4)必要品的使用频率和常用程序如表 6-2 所示。

必要品的使用频率和常用程序基准表　　表6-2

使用程度	使用频率	处理办法
低	一年都没有使用过的	废弃/回收
	2~12个月只使用过一次的物品	暂时存放仓库
中	1个月、一星期使用一次的物品	工作现场内集中摆放并标识
高	1~3d使用一次的物品,每小时都要使用的物品	带在身边或放在工作现场附近并标识

(5)"要"与"不要"分类标准如表6-3所示。

"要"与"不要"分类标准　　表6-3

序号	要	不要
1	正常使用的材料加工设备及其他机械设备等	无用的材料加工设备及其他机械设备等
2	正常使用中的各种工具	无用的工具
3	必需、完好的备用零配件	损坏及无关的零配件
4	正常使用中的各种工程材料	不合格的工程材料
5	必需的安全防护用品	损坏或过期的安全防护用品
6	必需的应急物(药)品	损坏或过期的应急物(药)品
7	完好的标签、标识	破损的标签、标识
8	使用中的清洁工具、用品	损坏的清洁工具、用品

2)整顿(SEITON)

(1)定义:将所有办公用具、材料、机械设备在规定位置摆放整齐,并做好标识管理。

(2)目的:定置存放,使工作场所一目了然,整洁有序,随时方便取用。

(3)实施步骤:决定有用物品放置场所→明确物品的放置方法→颜色、标识的运用→形成规范。

(4)实施方法:

①定置管理:就是要给每个物品都规定好位置,并进行标识或画定位线,定位线规范如表6-4所示。定位线执行范围:办公场所、试验室、食堂、拌和站、钢筋加工厂、仓库等场地。

定 位 线 规 范　　表6-4

类　　别	区域线、定位线			备　　注
	颜色	宽度	线型	
固定物品定位线	黄色	50mm	实线	如搅拌车、冷弯机、钻床等相对固定的设备
材料分区定位线	黄色	50mm	实线	如原材料、成品、半成品
物品临时存放区	黄色	50mm	虚线	如材料运输车
消防器材、危险品定位	红色	50mm	实线	警示效果
前方禁止摆放的区域	红色	50mm	实线	如门式起重机吊钩下、消防栓前、配电箱前等

②标识管理:标识牌在人与物、物与场所的作用过程中起着指导、控制、确认的作用。

各参建单位依据《广东省高速公路建设标准化管理规定》制定驻地、作业车间、拌和站、材料存放室、试验室标识标牌。

3）清扫（SEISO）

（1）定义：将不需要的东西清除掉，工作场所打扫干净，使其保持在无垃圾、无污秽、干净整洁的状态，并防止其污染的发生。

（2）目的：保持工作环境、设备设施的整洁干净，保持整理、整顿的成果，稳定品质，提高生产效率或产品质量。

（3）实施步骤：建立清扫责任区→全（定）员清扫→保持整洁干净→查找污染原因并解决→推动各种激励活动。

（4）实施方法：

①例行扫除、清理污秽。

②调查脏污的来源，彻底根除重点污染源，对脏污（如果皮、纸屑、灰尘、烟头、焊渣、废材料、废渣等）执行及时清扫、清理制度。

③在驻地、作业车间、拌和站、材料存放室、试验室等场地内要定点设置垃圾桶或废料区，及时处理不需要的物品（分为可回收或不可回收）。

④对合格原材料，实行准入制度，对不合格材料，立即清理出场。

4）清洁（SEIKETSU）

（1）定义：维持以上3个"S"的成果，并对其实施做法予以标准化、制度化。

（2）目的：养成持久有效的清洁习惯，维持和巩固以上3个"S"的成果，通过整洁、美化工作环境营造良好的施工环境。

（3）实施步骤：落实前3个"S"的执行情况 → 设法养成"整洁"的习惯→建立视觉化的管理方式→设定责任者，加强管理→配合每日清扫形成习惯→随时巡查纠正、巩固成果。

（4）实施方法：

①前3个"S"是行为动作，清洁则是结果。

②在工作场所彻底执行前3个"S"后，所呈现的状态是清洁。

③通过采取定点摄像及发布纠正、整改措施来进行检查，使工作现场一直保持在正常状态。定点摄影是指从同样的位置、同样的高度、同样的方向，对同样的物体进行连续摄影。每次检查发现不符合"6S"管理规范的地方进行摄影，记录清楚问题点所在，并要求责任人进行整改。

④通过自检和不定期检查跟进问题点整改，达到清洁效果。检查人员检查时发现不符合"6S"要求的现象应当场与责任人进行沟通（纠正）确认，将不符合现象在"纠正及预防措施通知"上详细记录，并跟进整改情况。

5）素养（SHITSUKE）

（1）定义：通过进行上述4个"S"活动，使全体员工养成守标准、守规定的良好习惯，进而促进全面管理水平的提升。

(2)目的:培养有好习惯、遵守规则的员工,营造团队精神。

(3)实施步骤:继续推动前4"S"活动→建立共同遵守的规章制度→实施检查评比,违规操作及时整改→推动各种激励活动→提升素养。

(4)实施方法:

①通过做好前4个"S"活动,让员工在无形中养成一种保持整洁的优良习惯。

②不断进行检查总结。

③建立简单易懂的"6S"管理的相关标准和制度。

6)安全(SAFETY)

(1)定义:通过开展各种安全管理措施,营造一个安全、舒适的工作环境。

(2)目的:保证企业和每一位员工的生命财产安全,确保安全文明生产。

(3)实施步骤:建立安全管理制度→重视员工的安全教育→实行现场巡查、排除隐患→创造明快、有序、安全的环境。

(4)实施方法:

①建立安全巡查制度,对项目驻地、试验室、仓库、施工作业场区等进行定期巡查,重点检查易发生安全事故的区域,形成检查及整改记录。

②定期对员工及班组人员开展安全技能培训。

③要求施工及作业人员严格遵守安全管理规定,执行安全操作规程,作业人员在施工过程中须使用安全保护用品。

④定期对员工及班组人员开展安全教育,形成记录。

6.1.4 "6S"管理组织机构

1)成立领导小组

为有效开展文明施工及"6S"管理检查活动,成立本项目文明施工及"6S"管理领导小组,负责本项目文明施工及"6S"管理检查的策划、组织和评比等事宜。领导小组成员如下:

组　　长:总经理。

副组长:党总支书记、总工程师、副总经理。

组　　员:公司各部门负责人、各总监办总监、各中心试验室负责人。

2)领导小组下设工作小组

文明施工及"6S"管理领导小组下设工作小组,负责活动的组织、实施、监督、检查、评比和评估等具体工作。

组　　长：工程管理部经理。

副组长：公司各部门负责人、各总监办分管负责人、各中心试验室分管负责人、各项目经理部分管负责人。

组　　员：公司各部门成员，各总监办、中心试验室和项目经理部成员，具体以上报的机构人员为准。

6.1.5　文明施工及"6S"管理推行步骤

1）确定组织机构，建章立制

(1)各参建单位成立文明施工及"6S"管理组织机构，明确各级组织职责，制定总体管理方案及各场所规范标准，形成文件上报惠清公司。

(2)各参建单位组织内部员工培训学习。

2）开展试点活动

从参建单位中选取一处办公场所、一处拌和站、一处钢筋加工厂、一处试验室、一处施工作业场地作为试点开展文明施工及"6S"管理，并组织各参加单位对试点进行参观学习。

3）全面推广

(1)各参建单位办公及作业场所的规划设计中引入文明施工及"6S"管理理念，并完成文明施工及"6S"管理功能分区的平面布置设计图。

(2)各参建单位完成文明施工及"6S"管理实施细则的编制。

(3)各参建单位完成办公及作业场所的功能分区画线和物品定制，做好各项文明施工措施。

(4)各参建单位根据文明施工及"6S"管理要求，落实管理办法中的各项管理规定，全面推行文明施工及"6S"管理。

4）检查、通报与监督

(1)各参建单位管理小组根据文明施工及"6S"规范标准对所属场所进行自检、整改。

(2)由文明施工及"6S"管理工作小组每月组织一次检查评比(不定期检查与定期检查相结合)，根据总体检查情况最终确定考核评分，施工单位检查评分总表见表6-5。办公区、试验室、钢筋加工厂、拌和站、预制厂、桥涵和隧道作业现场、监理单位办公区域、中心试验室检查评分表见表6-6～表6-13。若一个合同段含有拌和站、钢筋加工厂、预制厂等，在月度检查时，同类型随机挑选一个场地进行检查。

施工单位检查评分总表

表 6-5

施工合同段：　　　　　　　　　　　　　　　　　　检查日期：
监理单位：

检 查 区 域	实 际 评 分	问题描述 （评比过程中发现的问题记录在以下空格内）
办公场所		
试验室		
拌和站		
钢筋加工厂		
预制厂（含小型预制厂）		
桥涵和隧道施工作业现场		
平均分		

检查人：　　　　　　　　　　　　　　　　　　　　　复核人：

办公区检查评分表

表 6-6

施工合同段：　　　　　　　　　　　　　　　　　　检查日期：
监理单位：

"6S"内容	规范内容	分　值	检查评分
整理	1.办公室办公区、打印区、休息区、文件放置区等有明显划分，物品按区域摆放，每处不符合扣1分	4	
	2.除每日必需品外，其他物品不应存放在办公台上，每处不符合扣1分	4	
	3.办公桌区域凌乱，每处扣1分	4	
	4.打印区域凌乱，每处扣1分	4	
	5.休息区域凌乱，每处扣1分	4	
	6.文件柜内文件排放凌乱，每处扣1分	4	
	7.过时文件未及时处理，每处扣1分	4	
	小计	28	
整顿	1.文件、资料等未标识使用和定置管理，每处扣1分	5	
	2.文件柜未标明使用部门及负责人，每处扣1分	5	
	3.计算机、电话线未束起来，产生凌乱现象，每处扣1分	4	
	4.人员离开办公台时，未将办公椅推至台下，并使其紧挨办公台平行放置，扣1分	4	
	小计	18	

续上表

"6S"内容	规 范 内 容	分 值	检查评分
清扫	1. 地面有灰尘、碎屑、纸屑等杂物,每处扣1分	4	
	2. 墙角、地板、计算机、空调、墙壁、天花板、排气扇、办公用品等未定期清扫,不干净,每处扣1分	4	
	3. 垃圾桶内的垃圾超过垃圾桶容量不清理,每处扣1分	4	
	小计	12	
清洁	1. 未划分办公室各区域责任区、责任人,每处扣1分	5	
	2. 文具及办公用品不清洁、破损,文件掉页,标识不清楚,封面不清洁,扣2分	4	
	3. 生活垃圾、废水、废料未统一堆放,集中处理,扣2分	5	
	小计	14	
素养	1. 未对员工进行管理、安全、文明培训的,扣2分	6	
	2. 注意仪容仪表,精神饱满、认真工作,否则扣1分	2	
	3. 上班时间做与工作无关的事情,扣2分	2	
	4. 不按时上下班、早退、迟到、旷工,扣2分	4	
	5. 下班后未关闭所有用电设备、器件,扣2分	2	
	小计	16	
安全	1. 未合理放置消防设施或设施失灵,每次扣2分	4	
	2. 电源电线乱搭,电线破损未修复,每处扣2分	4	
	3. 存在乱丢烟头、易燃物堆放在电器旁、高处堆放重物等安全隐患现象,扣2分	4	
	小计	12	
	合计	100	

检查人: 复核人:

试验室检查评分表 表6-7

施工合同段: 检查日期:

监理单位:

"6S"内容	规 范 内 容	分 值	检查评分
整理	1. 办公室办公区、打印区、休息区、文件放置区等有明显划分,物品按区域摆放,每处不符合扣2分	4	
	2. 除每日必需品外,其他物品不应存放在办公台上,每处不符合扣2分	4	

续上表

"6S"内容	规范内容	分值	检查评分
整理	3. 文件、资料未归档分类,未平行、直角摆放于文件柜或办公桌上,扣2分	4	
	4. 各土工室、样品室等的机械设备、材料、工具等的摆放不整齐,扣2分	4	
	5. 仪器设备未按规定进行状态标识,扣1分	4	
	小计	20	
整顿	1. 文件、资料等未标识使用和定置管理,扣2分	4	
	2. 文件柜未标明使用部门及负责人,扣2分	2	
	3. 未对物品进行定位线标识,或标识不明确、不齐全,扣2分	2	
	4. 计算机、电话线未束起来,产生凌乱现象,每处扣1分,扣完为止	3	
	5. 人员离开办公台时,未将办公椅推至台下,并使其紧挨办公台平行放置,扣1分	3	
	小计	14	
清扫	1. 地面有灰尘、碎屑、纸屑等杂物,扣2分	4	
	2. 墙角、地板、计算机、空调、墙壁、天花板、排气扇、办公用品等未定期维护,不干净,扣2分	4	
	3. 垃圾桶内的垃圾超过垃圾桶容量的3/4,扣1分	4	
	4. 无用的材料未及时清理出场,造成脏乱差现象,扣2分	6	
	小计	18	
清洁	1. 文具及办公用品不清洁、破损,文件掉页,标识不清楚,封面不清洁,扣2分	6	
	2. 清洁用具、垃圾桶未保持干净,扣2分	4	
	3. 生活垃圾、废水、废料未统一堆放,集中处理,扣2分	4	
	4. 设备、机械、仪器、工程材料受污染,扣2分	4	
	小计	18	
素养	1. 未对员工进行管理、安全、文明培训的,扣2分	4	
	2. 试验检测人员未挂牌上岗,扣2分	4	
	3. 注意仪容仪表,精神饱满、认真工作,否则扣1分	2	
	4. 上班时间做与工作无关的事情,扣2分	2	

续上表

"6S"内容	规 范 内 容	分　值	检查评分
素养	5. 不按时上下班、早退、迟到、旷工，扣2分	4	
	6. 试验任务使用完毕应切断电源、清扫现场，保持仪器设备的清洁，否则扣2分	2	
	小计	18	
安全	1. 未合理放置消防设施或设施失灵，每次扣2分	4	
	2. 电源电线乱搭，电线破损未修复，每处扣2分	4	
	3. 存在乱丢烟头、易燃物堆放在电器旁、高处堆放重物等安全隐患现象，扣2分	4	
	小计	12	
	合计	100	合计

检查人：　　　　　　　　　　　　　　　　　　　复核人：

钢筋加工厂检查评分表　　　　　　　　　　表6-8

施工合同段：　　　　　　　　　　　　　　　　检查日期：
监理单位：

"6S"内容	规 范 内 容	分　值	检查评分
整理	1. 未及时清理报废的机械设备和工具，不合格的工程材料，扣2分	6	
	2. 使用不合格机械、设备、材料的，扣3分	3	
	3. 标识标牌未合理使用，未摆放整齐，扣1分	2	
	4. 未及时清理废品区废料的，扣2分	3	
	小计	14	
整顿	1. 未划分原材料堆放区、半成品加工区、成品存放区、废品区等，扣2分	6	
	2. 场内的机械设备、运输设备等分区不明确，扣2分	2	
	3. 无规定的标识标牌，每处扣1分	2	
	4. 未对物品进行定位线标识，或标识不明确、不齐全，扣2分	4	
	5. 未合理设置排水沟，无临时排水系统的，扣2分	4	
	6. 未合理设置工地大门、宿舍、食堂、冲凉房、厕所等设施的，扣2分	4	
	小计	22	
清扫	1. 无专人负责清洁卫生，每处扣2分	4	
	2. 燃烧各种废料、生活垃圾等清理行为造成污染的，扣2分	4	

续上表

"6S"内容	规范内容	分值	检查评分
清扫	3.未保持工作场地和地面整洁,未每天清扫或清理,每次扣2分	4	
	小计	12	
清洁	1.设备、机械、仪器、工程材料受污染,扣2分	4	
	2.未对粉尘、有害气体、废水、噪声进行有效控制,影响附近居民的,扣2分	4	
	3.施工现场排水不畅,造成场地积水,扣3分	6	
	4.场地扬尘且脏、乱、差,每次扣3分	6	
	小计	20	
素养	1.未对现场人员进行管理、安全、文明培训的,扣2分	2	
	2.上班时间做与工作无关的事情,扣2分	2	
	3.施工车辆驾驶不文明,每车每次扣1分	2	
	4.夜间施工扰民,遭到当地居民投诉,每次扣2分	6	
	5.赤脚、穿拖鞋或裸身进入施工现场进行作业的,每人每次扣2分	4	
	6.下班后未关闭所有用电设备、器件,每次扣1分	2	
	小计	18	
安全	1.未合理放置并使用安全防护用品,每次扣2分	4	
	2.未定期对机械、设备、现场设施等进行检修、标定,特种工人无证上岗,每次扣3分	6	
	3.乱搭线路,电线破损未修复,每处扣2分	4	
	小计	14	
	合计	100	

检查人: 　　　　　　　　　　　　　　　　　　　　　　　　复核人:

拌和站检查评分表　　　　表6-9

施工合同段:　　　　　　　　　　　　　　　　　　　检查日期:
监理单位:

"6S"内容	规范内容	分值	检查评分
整理	1.未及时清理报废的机械设备和工具、不合格的工程材料,扣2分	6	
	2.使用不合格机械、设备、材料的,扣3分	3	
	3.标识标牌未合理使用,未摆放整齐,扣1分	2	
	小计	11	

续上表

"6S"内容	规范内容	分值	检查评分
整顿	1. 未划分原材料堆放区、拌和区、仓库、废料区等，扣2分	6	
	2. 场内的机械设备、运输设备等分区不明确，扣2分	2	
	3. 原材料料仓未画限高线，堆料过高造成串料，未用标识标牌标明材料型号的，扣2分	4	
	4. 无规定的标识标牌，每处扣1分	2	
	5. 未对物品进行定位线标识，或标识不明确、不齐全，扣2分	4	
	6. 未合理设置排水沟，无临时排水系统的，扣2分	4	
	7. 未合理设置工地大门、宿舍、食堂、淋浴房、厕所等设施的，扣2分	4	
	小计	26	
清扫	1. 无专人负责清洁卫生，每处扣2分	4	
	2. 燃烧各种废料、生活垃圾等清理行为造成污染的，扣2分	2	
	3. 未保持工作场地和地面整洁，未每天清扫或清理，每次扣2分	4	
	小计	10	
清洁	1. 设备、机械、仪器、工程材料受污染，扣2分	4	
	2. 未对粉尘、有害气体、废水、噪声进行有效控制，影响附近居民的，扣2分	4	
	3. 施工现场排水不畅，造成场地积水，扣3分	6	
	4. 场地扬尘且脏、乱、差，每次扣3分	6	
	小计	20	
素养	1. 未对现场人员进行管理、安全、文明培训的，扣2分	2	
	2. 上班时间做与工作无关的事情，扣2分	2	
	3. 施工车辆驾驶不文明，每车每次扣1分	3	
	4. 夜间施工扰民，遭到当地居民投诉，每次扣2分	6	
	5. 赤脚、穿拖鞋或裸身进入施工现场进行作业的，每人每次扣2分	4	
	6. 下班后未关闭所有用电设备、器件，每次扣1分	2	
	小计	19	

续上表

"6S"内容	规 范 内 容	分　值	检查评分
安全	1. 未合理放置并使用安全防护用品,每次扣2分	4	
	2. 未定期对机械、设备、现场设施等进行检修、标定,特种工人无证上岗,每次扣3分	6	
	3. 乱搭线路,电线破损未修复,每处扣2分	4	
	小计	14	
	合计	100	

检查人：　　　　　　　　　　　　　　　　　　　　　复核人：

预制厂检查评分表

表6-10

施工合同段：　　　　　　　　　　　　　　　　　　检查日期：
监理单位：

"6S"内容	规 范 内 容	分　值	检查评分
整理	1. 未及时清理报废的机械设备和工具,不合格的工程材料,扣2分	6	
	2. 使用不合格机械、设备、材料的,扣3分	3	
	3. 标识标牌未合理使用,未摆放整齐,扣1分	2	
	小计	11	
整顿	1. 未划分原材料堆放区、半成品加工区、成品存放区、废品区、养护区等,扣2分	6	
	2. 场内的机械设备、运输设备等分区不明确,扣2分	2	
	3. 无规定的标识标牌,每处扣1分	2	
	4. 未对物品进行定位线标识,或标识不明确、不齐全,扣2分	4	
	5. 未合理设置排水沟,无临时排水系统的,扣2分	4	
	6. 现场存放钢筋不规范,钢筋片摆放不整齐,扣2分	4	
	7. 未合理设置宿舍、食堂、冲凉房、厕所等设施的,扣2分	2	
	小计	24	
清扫	1. 无专人负责清洁卫生,每处扣2分	4	
	2. 燃烧各种废料、生活垃圾等清理行为造成污染的,扣2分	2	
	3. 未保持工作场地和地面整洁,未每天清扫或清理,每次扣2分	6	
	小计	12	

续上表

"6S"内容	规范内容	分值	检查评分
清洁	1. 设备、机械、仪器、工程材料受污染,扣2分	4	
	2. 未对粉尘、有害气体、废水、噪声进行有效控制,影响附近居民的,扣2分	4	
	3. 施工现场排水不畅,造成场地积水,扣3分	6	
	4. 场地扬尘且脏、乱、差,每次扣3分	6	
	小计	20	
素养	1. 未对现场人员进行管理、安全、文明培训的,扣2分	2	
	2. 上班时间做与工作无关的事情,扣2分	2	
	3. 施工车辆驾驶不文明,每车每次扣1分	3	
	4. 夜间施工扰民,遭到当地居民投诉,每次扣2分	6	
	5. 赤脚、穿拖鞋或裸身进入施工现场进行作业的,每人每次扣2分	4	
	6. 下班后未关闭所有用电设备、器件,每次扣1分	2	
	小计	19	
安全	1. 未合理放置并使用安全防护用品,每次扣2分	4	
	2. 未定期对机械、设备、现场设施等进行检修、标定,特种工人无证上岗,每次扣3分	6	
	3. 乱搭线路,电线破损未修复,每处扣2分	4	
	小计	14	
	合计	100	

检查人：　　　　　　　　　　　　　　　　　　复核人：

桥涵和隧道作业现场检查评分表　　　　　　　　　　　　　　　　表6-11

施工合同段：　　　　　　　　　　　　　　　　检查日期：

监理单位：

"6S"内容	规范内容	分值	检查评分
整理	1. 未及时清理报废的机械设备和工具,不合格的工程材料,扣2分	2	
	2. 使用不合格机械、设备、材料的,扣3分	3	
	3. 标识标牌未合理使用,未摆放整齐,扣1分	2	
	小计	7	

续上表

"6S"内容	规范内容	分值	检查评分
整顿	1. 桥梁、涵洞和隧道的施工现场机械设备、各种工程材料、工具等未进行合理规划布置,现场凌乱,每次扣2分	4	
	2. 未规范设置分级泥浆池、油水分离池等,沉渣无专人清理,每次扣2分	2	
	3. 未按规定使用门禁系统的,扣2分	4	
	4. 无规定的标识标牌,每处扣1分	2	
	5. 未合理设置排水沟,无临时排水系统的,扣2分	4	
	6. 现场存放钢筋不规范,钢筋笼(片)摆放不整齐,扣2分	4	
	7. 未合理设置工地大门、宿舍、食堂、冲凉房、厕所等设施的,扣2分	2	
	小计	22	
清扫	1. 无专人负责清洁卫生,每处扣2分	4	
	2. 结构物完工后,未及时清理材料、废料、支架等,扣2分	8	
	3. 燃烧各种废料、生活垃圾等清理行为造成污染的,扣2分	2	
	4. 未保持工作场地和地面整洁,未每天清扫或清理,每次扣2分	4	
	小计	18	
清洁	1. 设备、机械、仪器、工程材料受污染,扣2分	4	
	2. 未对粉尘、有害气体、废水、噪声进行有效控制,影响附近居民的,扣2分	4	
	3. 施工现场排水不畅,造成场地积水,扣2分	4	
	4. 场地扬尘且脏、乱、差,每次扣3分	6	
	小计	18	
素养	1. 未对现场人员进行管理、安全、文明培训的,扣2分	2	
	2. 不尊重当地风俗习惯,与当地居民发生冲突和斗殴事件的,扣5分	5	
	3. 随地大小便,每处扣3分	6	
	4. 赤脚、穿拖鞋或裸身进入施工现场进行作业的,每人每次扣2分	4	
	5. 施工车辆驾驶不文明,每车每次扣1分	3	
	6. 夜间施工扰民,遭到当地居民投诉,每次扣2分	4	
	小计	24	

续上表

"6S"内容	规范内容	分值	检查评分
安全	1.未合理放置并使用安全防护用品,每次扣2分	4	
	2.未定期对机械、设备、现场设施等进行检修、标定,特种工人无证上岗,每次扣3分	3	
	3.乱搭线路,电线破损未修复,每处扣2分	4	
	小计	11	
	合计	100	

检查人：　　　　　　　　　　　　　　　　　　复核人：

监理单位办公区域检查评分表　　　　　　　　　　　　　表6-12

监理单位：　　　　　　　　　　　　　　　　　检查日期：

"6S"内容	规范内容	分值	检查评分
整理	1.办公室办公区、打印区、休息区、文件放置区等有明显划分,物品按区域摆放,每处不符合扣1分	4	
	2.除每日必需品外,其他物品不应存放在办公台上,每处不符合扣1分	4	
	3.办公桌区域凌乱,每处扣1分	4	
	4.打印区域凌乱,每处扣1分	4	
	5.休息区域凌乱,每处扣1分	4	
	6.文件柜内文件排放凌乱,每处扣1分	4	
	7.过时文件未及时处理,每处扣1分	4	
	小计	28	
整顿	1.文件、资料等未标识使用和定置管理,每处扣1分	5	
	2.文件柜未标明使用部门及负责人,每处扣1分	5	
	3.计算机、电话线未束起来,产生凌乱现象,每处扣1分	4	
	4.人员离开办公台时,未将办公椅推至台下,并使其紧挨办公台平行放置,扣1分	4	
	小计	18	
清扫	1.地面有灰尘、碎屑、纸屑等杂物,每处扣1分	4	
	2.墙角、地板、计算机、空调、墙壁、天花板、排气扇、办公用品等未定期清扫,不干净,每处扣1分	4	
	3.垃圾桶内的垃圾超过垃圾桶容量不清理,每处扣1分	4	
	小计	12	

第6章　环境保安——推进环境的全面安全化

续上表

"6S"内容	规范内容	分值	检查评分
清洁	1.未划分办公室各区域责任区、责任人,每处扣1分	5	
	2.文具及办公用品不清洁、破损,文件掉页,标识不清楚,封面不清洁,扣2分	4	
	3.生活垃圾、废水、废料未统一堆放,集中处理,扣2分	5	
	小计	14	
素养	1.未对员工进行管理、安全、文明培训的,扣2分	6	
	2.注意仪容仪表、精神饱满、认真工作,否则扣1分	2	
	3.上班时间做与工作无关的事情,扣2分	2	
	4.不按时上下班、早退、迟到、旷工,扣2分	4	
	5.下班后未关闭所有用电设备、器件,扣2分	2	
	小计	16	
安全	1.未合理放置消防设施或设施失灵,每次扣2分	4	
	2.电源电线乱搭,电线破损未修复,每处扣2分	4	
	3.存在乱丢烟头、易燃物堆放在电器旁、高处堆放重物等安全隐患现象,扣2分	4	
	小计	12	
	合计	100	

检查人: 　　　　　　　　　　　　　　　　　　　　　　　复核人:

中心试验室检查评分表

表6-13

中心试验室: 　　　　　　　　　　　　　　　　　　　　　检查日期:

"6S"内容	规范内容	分值	检查评分
整理	1.办公室办公区、打印区、休息区、文件放置区等有明显划分,物品按区域摆放,每处不符合扣2分	4	
	2.除每日必需品外,其他物品不应存放在办公台上,每处不符合扣2分	4	
	3.文件、资料未归档分类,未平行、直角摆放于文件柜或办公桌上,扣2分	4	
	4.各土工室、样品室等的机械设备、材料、工具等的摆放不整齐,扣2分	4	
	5.仪器设备未按规定进行状态标识,扣1分	4	
	小计	20	

续上表

"6S"内容	规范内容	分值	检查评分
整顿	1.文件、资料等未标识使用和定置管理,扣2分	4	
	2.文件柜未标明使用部门及负责人,扣2分	2	
	3.未对物品进行定位线标识,或标识不明确、不齐全,扣2分	2	
	4.计算机、电话线未束起来,产生凌乱现象,每处扣1分,扣完为止	3	
	5.人员离开办公台时,未将办公椅推至台下,并使其紧挨办公台平行放置,扣1分	3	
	小计	14	
清扫	1.地面有灰尘、碎屑、纸屑等杂物,扣2分	4	
	2.墙角、地板、计算机、空调、墙壁、天花板、排气扇、办公用品等未定期维护,不干净,扣2分	4	
	3.垃圾桶内的垃圾超过垃圾桶容量的3/4,扣1分	4	
	4.无用的材料未及时清理出场,造成脏乱差现象,扣2分	6	
	小计	18	
清洁	1.文具及办公用品不清洁、破损,文件掉页,标识不清楚,封面不清洁,扣2分	6	
	2.清洁用具、垃圾桶未保持干净,扣2分	4	
	3.生活垃圾、废水、废料未统一堆放,集中处理,扣2分	4	
	4.设备、机械、仪器、工程材料受污染,扣2分	4	
	小计	18	
素养	1.未对员工进行管理、安全、文明培训的,扣2分	4	
	2.试验检测人员未挂牌上岗,扣2分	4	
	3.注意仪容仪表,精神饱满,认真工作,否则扣1分	2	
	4.上班时间做与工作无关的事情,扣2分	2	
	5.不按时上下班、早退、迟到、旷工,扣2分	4	
	6.试验任务使用完毕应切断电源、清扫现场,保持仪器设备的清洁,否则扣2分	2	
	小计	18	

续上表

"6S"内容	规范内容	分值	检查评分
安全	1. 未合理放置消防设施或设施失灵,每次扣2分	4	
	2. 电源电线乱搭,电线破损未修复,每处扣2分	4	
	3. 存在乱丢烟头、易燃物堆放在电器旁、高处堆放重物等安全隐患现象,扣2分	4	
小计		12	
合计		100	合计

检查人:　　　　　　　　　　　　　　　复核人:

(3)惠清公司每个月将对检查结果进行全线通报。

(4)对检查发现不符合要求的事项进行整改监督,每月检查完毕后,要求各参建单位7d内进行整改,并填写相应的表格。施工单位将整改情况上报总监办,总监办核查后上报惠清公司;总监办和中心试验室将整改情况直接上报惠清公司。

6.1.6　文明施工及"6S"管理奖罚规定

(1)各总监办负责督促施工单位的文明施工及"6S"管理行为,在施工期间,发现施工单位有不文明施工及违反"6S"管理规定行为的,有权要求施工单位进行整改、停工整顿,并加以处罚。

(2)在惠清公司及上级单位组织的各类检查及日常巡视中,发现不文明施工及违反"6S"管理规定行为的,有权要求各参建单位进行整改、停工整顿、通报批评,并加以处罚。根据后果程度和违规性质处以1000~20000元的罚款,详见表6-14文明施工及"6S"管理处罚条例。

文明施工及"6S"管理处罚条例　　　表6-14

序号	内　　容	处罚规定
1	未成立文明施工及"6S"管理组织机构,或成立不运作的	10000元/次
2	未制定文明施工及"6S"管理制度,未悬挂相关宣贯教育牌的	5000元/次
3	驻地建设未配备安全、卫生、防火设施的,且未标识定位线	5000元/处
4	生活废水、废料、垃圾未集中处理,造成污染的	5000元/处
5	未对临建场地进行分区,或未标识定位线,或标识不明确的	2000元/处
6	夜间施工扰民,遭到当地居民投诉的	2000元/处
7	临建场地、施工便道(桥)、作业现场等场地扬尘的	3000元/处

续上表

序号	内容	处罚规定
8	排水系统不完善，未设置三级沉淀池的	2000元/处
9	临建场地、隧道等未按规定使用门禁系统的	5000元/处
10	使用地方道路(桥)未进行维护，造成地方道路(桥)损坏的	5000元/处
11	不尊重当地风俗习惯，与当地居民发生冲突和斗殴事件的	10000元/次
12	施工废料、废渣或弃土乱堆乱弃于施工现场的	2000元/处
13	施工废水、废料直接排入农田、耕地、沟渠、河流和水库的	10000元/处
14	在施工作业场区出现随地大小便现象的	2000元/处
15	出现施工车辆驾驶不文明现象的	2000元/辆
16	施工现场人员出现以下情况：(1)不戴安全帽；(2)高空作业不系安全带；(3)水上作业不穿救生衣；(4)赤脚、穿拖鞋或光膀子；(5)管理人员不佩戴工作证	1000元/人
17	未定期对机械、设备、现场设施等进行检修、标定的	5000元/处
18	出现以下情况：(1)施工车辆和机械带病上岗，操作人员无证上岗和违反操作规程；(2)发生各种事故苗头及事故未及时整改和隐瞒不报；(3)每月安全大检查，安全管理人员无故不在位；(4)未做防护措施污染当地农田水利	5000元/次
19	发现其余违反文明施工及"6S"管理规定现象的	1000元/处
20	责任单位未按要求对检查问题进行整改的	20000元/次

（3）文明施工及"6S"管理工作小组每月对各参建单位进行检查，惠清公司将根据总体检查评分情况对各参建单位进行排名，对排名考前的单位进行奖励，凡排名靠后且文明施工及"6S"管理混乱的，惠清公司将进行通报批评，情节严重的处以10万元以上罚款。

6.1.7 "6S"管理成效

通过近4年坚持不懈的推行"6S"管理，惠清高速公路项目"6S"管理的成效显著，实现了推行之初确立的"6S"管理目标。办公、生活环境更加安全、整洁和秩序井然。各方面管理的规范化、标准化水平有明显提高，运作流程更加科学、规范，制度更加健全完善。参建各方人员思想观念有所提高，组织纪律更加严明，岗位行为更加规范，文明素质有较大提高，学习力和执行力都有显著提高，形成了具有惠清特色的"6S"精益管理模式，为推行全面安全管理奠定了坚实基础。图6-1～图6-8为推行"6S"管理的部分现场效果图。

图 6-1　项目驻地

图 6-2　钢筋加工厂

图 6-3　梁厂

图 6-4　拌和站

图 6-5　桩基施工

图 6-6　墩柱盖梁施工

第 6 章　环境保安——推进环境的全面安全化

图 6-7　桥梁上部结构施工

图 6-8　隧道施工

6.2 创建惠清高速公路项目 HSE 一体化管理

　　HSE 管理体系是安全（Safety）、健康（Health）、环境（Environment）管理体系的简称，是将组织实施安全、健康与环境管理的组织机构、职责、做法、程序、过程和资源等要素有机构成的整体，这些要素通过先进、科学、系统的运行模式有机地融合在一起，相互关联、相互作用，形成动态管理体系。

　　HSE 管理体系要求进行风险分析，确定其自身活动可能发生的危害和后果，从而采取有效的防范手段和控制措施防止其发生，以减少可能发生的人员伤害、财产损失和环境污染。它强调预防和持续改进，具有高度自我约束、自我完善、自我激励机制，因此是一种现代化的管理模式，是现代企业制度之一。

　　安全是指在劳动生产过程中，努力改善劳动条件、克服不安全因素，使劳动生产在保证劳动者健康、企业财产不受损失、人民生命安全的前提下顺利进行；健康是指劳动者身体上没有疾病，在心理上保持一种完好的状态；环境是指与人类密切相关的、影响人类生活和生产活动的各种自然力量或作用的总和,它不仅包括各种自然因素的组合,还包括人类与自然因素间相互形成的生态关系的组合。由于安全、健康与环境的管理在实际工作过程中有着密不可分的联系,因此把健康、安全和环境形成一个整体的管理体系,是现代企业管理的必然趋势。

6.2.1 惠清高速公路项目HSE一体化管理体系介绍

1)惠清高速公路项目HSE一体化管理概念

体系,泛指一定范围内或同类的事物按照一定的秩序和内部联系组合而成的整体,是不同系统组成的系统。自然界的体系遵循自然的法则,而人类社会的体系则要复杂得多。影响这个体系的因素除人性的自然发展之外,还有人类社会对自身认识的发展。

管理体系是一个完整的系统理念在管理中的应用。管理体系由要素部分组成的一个系统化、程序化和文件化的管理体系,是一种系统的结构化的管理机制。管理体系的特点包括:①全员参与实现层层负责制的管理模式,体现员工与生产和社会的和谐;②全过程管理体现横向到边、纵向到底,体现过程控制、系统管理,"人机料法环"有机结合的生产或服务全过程管理;③程序化、规范化的科学管理方法体现技术完整、设备设施本质安全、人员与相应法律法规的融合;④全生命周期的风险思维,持续改进的管理。

一体化管理通过对不同的类似管理过程进行整合优化,以及相互的支撑契合,给企业管理带来了积极成效,提高了管理效率。但是,站在企业整体的角度,这种一体化管理,也仅仅是企业管理中部分专业管理体系的一体化。

惠清高速公路项目推出的是"集约型一体化管理体系",虽然都有"一体化管理"的叫法,但其内涵和外延与管理体系认证的"三标"(质量管理体系、环境管理体系、职业健康安全管理体系)的一体化管理有原则区别,它能够融合企业或组织所适用的所有国家标准,但整合的方式方法有相似之处。

惠清高速公路项目的HSE一体化管理是指:①整合职业健康安全、环境、交通安全管理三合一型管理体系;②将惠清公司与N个参建施工单位以合作伙伴关系整合在统一的管理构架下运行;③将应遵守的法律法规要求与工程建设各个环节的业务活动整合为一体化的规范文件;④将从上至下各级负责人整合为领导层,为逐级各自承担的HSE风险担当责任。

2)惠清高速公路项目HSE一体化管理思路

确定在策划和实施过程中严格遵守总体原则的基本思路:以管理体系7项原则为基础,立足企业管理现状,综合考虑安全健康环境管理体系的结构和内容,以活动和过程方法为依据,建立安全、健康、环境一体化的管理模式;采取共性兼容、个性互补的原则,有机整合安全、健康、环境管理体系标准的要求,保证对所有要求的有效控制,对内满足建立一体化的综合管理体系的需求,对外可以适应和满足不同类型认证和审核的要求,且具有广泛的适用性,为今后其他管理标准导入体系打下良好的基础。

HSE 管理体系整合的基本原则是：遵守管理体系的运行模式、7 项管理原则、12 项理论基础。考虑以下方面：

（1）一体化管理不是 ISO14001、OHSAS18001 和 ISO39001 三个标准要求的简单组合，而是将 ISO14001、OHSAS18001、ISO39001 三个标准和 HSE 法规作为 HSE 管理的方向与惠清公司成功经验作为行为规范的全方位组合；是惠清公司和参建单位实现一体化组织管理。管理对象相同、管理要求基本一致的内容要进行整合。

（2）一体化管理要求以企业现有的资源和安全、健康、环境管理体系为基础，覆盖 ISO14001、ISOS18001 管理体系要求的内容，就高不就低，以标准中的最高要求为准。

（3）一体化管理体系文件应具有可操作性，不能在一个文件中完全整合的应引出下一层次文件。

（4）一体化整合应有利于减少文件数量，有利于统一协调体系的策划、运行与监测，实现资源共享；有利于提高管理效率，降低管理成本。

（5）运用"5W1H"（Why——目的、What——对象、Where——地点、When——时间、Who——人员、How——方法）的思路分析确定一体化整合涉及的因素。

（6）以全生命周期的观点，分析确认内外部所处环境风险和工程建设的风险源。

（7）过程方法在管理体系一体化整合中的全面应用。

（8）集成的风险管理。为了将建设项目范围内的风险管理活动形成一个有机的整体，需要集成项目的风险管理，并将风险管理纳入整个项目的管理。项目集成风险管理需要有一个系统的框架，基于团队的集成管理体系是以系统方法、管理组织、风险信息为支持要素，在项目的生命周期内进行持续的风险管理。该框架是以管理目标作为锥顶，以系统方法、管理组织和信息系统作为锥底，以组织文化作为运作环境。

（9）基于伙伴关系的项目风险管理模型。

根据上述关于风险管理的最新研究思想及我国项目风险管理的现状与需求，结合伙伴关系在风险管理方面的优势，风险管理体系和建立多视角多层级考核体系可以促进项目风险管理，使项目的各参与方积极投身于风险管理，并使项目范围内的风险管理活动形成一个有机的整体，成为全过程项目管理的一部分，使风险管理目标与组织目标和项目目标融合，并使风险管理成为项目各方参与的持续管理过程。

6.2.2 惠清高速公路项目 HSE 管理体系的目标

1）目标和内容

任务 1：实现高速公路建设 HSE 生产管理标准化。

以高速公路施工长期积累的科学、技术和社会实践综合管理成果为基础,以国家、地方和行业等法规、标准为准则,结合 HSE 管理体系研究成果,通过建立统一、规范的高速公路安全生产管理组织体系,编制统一的规范性风险控制文件,使项目建设、施工、监理等单位安全管理行为达到规范化、标准化程度。

任务 2:实现高速公路施工安全专业化。

通过 HSE 一体化管理体系的建立,自上而下建全以交通集团为中心,层层落实以第一责任人为主的安全生产责任制。健全以合规义务为主线的责任、权利绩效体制,确保人、机、物、方法、环境处于良好的安全生产状态,并持续改进,不断加强高速公路安全生产规范化建设,实现建设施工专业化。

任务 3:提升高速公路建设履行合规义务的能力。

通过 HSE 一体化管理体系的建立,运用全寿命周期的观点和过程方法,实现法律法规要求。控制高速公路建设中对风险源的处置方式,能够防止或减少高速公路建设中的人员伤亡、环境污染、财产损失等生产安全事故的发生。

2)主要创新点

对高速公路复杂工程建设进行健康安全和环境保护适应性管理研究,最终制定高速公路工程建设 HSE 管理体系的构建指南。

(1)以单项工程为依托,组建以惠清公司为主体,以参建单位为重要组成部分,相互作为伙伴关系的一个整体组织,为实现同一个目标,各行其责,构建有机结合、联动的职业健康、安全、环境一体化管理体系。

(2)突破习惯的职业健康、安全、环境风险管理的思维方式,集合项目所处外部和内部风险、道路交通安全风险、危险源和环境因素风险、受益相关方的要求和愿望风险,作为高速公路建设风险控制措施策划的依据。

(3)实现四个一体化管理,包括:合规义务与风险控制一体化管理、文明施工与清洁施工一体化管理、惠清公司与参建单位为一体化管理、绿色施工与节能降耗一体化管理。

(4)实现高速公路建设 HSE 管理的专业化、施工风险控制的安全生产标准化。

通过建立 HSE 一体化管理体系,实现高速公路建设过程的安全生产标准化。

6.2.3 高速公路建设风险源识别与分析

高速公路建设涵盖路面、隧道、桥梁、涵洞、枢纽、综合工程和辅助工程等,在其建设质量方面,经过近些年的大规模建设和质量管控,已形成比较完善的质量保证体系,设计施工质量稳定并有所提升。但针对建设过程中健康、安全和环境问题尚未形成完全规范的管理体系,主要表现在以下方面。

(1)健康问题:公路建设施工具有人员流动性大、劳动力密集、多工种交叉、作业方法多样性、手工操作多、劳动强度大、露天高空作业等行业特点,以及受地理条件、地质情况、气候、自然灾害等影响较大,作业环境复杂多变、危险源多、影响面广等行业特点,容易导致施工人员出现健康问题,主要表现在以下几个方面。

①从业人员生活不规律、风餐露宿、日照雨淋、身体健康受到侵害,过早衰老。

②建筑材料本身带有多种有害物质,从业人员长期从事手工作业频繁接触有害物质,很大程度受到深层次的潜在健康威胁。

③建设施工的机械作业人员,处于噪声和粉尘的环境中工作,健康受到危害。

④野外作业生活条件差,易引发食物中毒、传染疾病等。

(2)安全问题:公路建设施工存在的主要安全问题和现象,表现为安全隐患,主要包括以下几个方面。

①法律法规标准体系不健全,安全技术规程修订不及时。

②企业管理人员安全意识淡薄,从业人员安全知识贫乏,特种岗位人员持证率低。

③分包管理漏洞较多,以包代管、工程主体管理与施工管理脱节或违法转包和层层分包现象严重。

④安全技术标准、检查内容及措施方面不统一、不规范。

⑤安全资料整理、归档和表格使用不规范、不齐全。

⑥安全教育培训和检查多流于形式。

⑦安全技术措施经费的投入严重不足。

⑧安全检测仪器及装备的配备不能满足施工安全管理要求。

⑨材料设备及施工工艺落后,防护设施不全,安全保护用品未按规定使用或质量不合格。

⑩职业健康安全管理体系未能真正推行。

⑪由于质量缺陷及各种病害,导致公路出现各种安全问题,这些质量问题严重影响了交通运输事业的健康发展,这些施工中的质量问题也在很大程度上影响了施工企业的经济效益,所以要加强公路桥梁施工质量。

(3)环境问题:公路建设施工造成的环境污染,主要包括以下几个方面。

①工程建设粉尘、噪声、有害废弃物排放对环境的影响问题。

②工程建设占地对生态环境的影响问题。

③工程建设施工对水土保持的影响问题。

④工程建设对土地利用的影响问题。

⑤对野生动、植物栖息地的影响问题。

⑥对大气环境的影响问题。

健康问题、安全问题和环境问题风险因素如不能有效预防和化解,引起的后果将会是发生各类生产安全事故,导致工程无法顺利进行,甚至造成人员伤亡、财产损失和环境破坏。所以,对工程建设期的健康、安全与环境管理要求非常严格和迫切。

6.2.4 高速公路 HSE 管理体系构建

HSE 管理体系的核心是工程施工过程的风险源辨识、风险分析、风险估测和风险控制。将传统施工过程管理中相对割裂、独立的各环节融会贯通、环环相扣、闭环运作,全寿命周期深层次覆盖施工企业安全、健康、环境管理中的诸多因素。将风险管理要求落实在人员业务活动中,是系统过程控制的风险预防措施。

建立 HSE 管理体系的指导原则包括以下几个方面。

(1)多体系兼容。高速公路建设 HSE 管理体系覆盖 ISO14001 环境管理体系、OHSAS18001 职业健康安全管理体系和 ISO39001 道路交通安全管理体系的全部技术要求,并考虑 ISO19001 质量管理体系的基本原则和行业的各项标准规范的要求。

(2)突出行业特点。充分考虑包括道路工程在内的危害因素和风险、风险控制措施,突出行业特点,落实交通运输行业基础设施建设施工过程的风险源普查、风险分析、风险评估和系统的风险控制。

(3)解决多个单位共建一项工程,令行不一致的群体管理的缺陷。

(4)强化遵守健康、安全、环境法规和标准的意识。

(5)第一责任人原则。HSE 管理体系强调最高管理者的作用和责任。最高管理者是 HSE 的第一责任者,对 HSE 应有形成文件的承诺,并确保这些承诺转变为人、财、物等资源的支持。

(6)全员参与原则。HSE 管理体系立足于全员参与,规定了各级组织和人员的 HSE 职责,强调参建单位内的各级组织和全体员工必须落实 HSE 职责。

(7)重在预防原则。HSE 管理体系中着眼点在于预防事故的发生,安全风险评估要有 HSE 相关部门的会签批复,设计施工图纸应有 HSE 相关部门审查批准签章,强调了各级人员要具备 HSE 的相应资格。

(8)以人为本原则。HSE 管理体系强调了所有的工程施工活动都必须满足 HSE 管理的各项要求,建立培训系统并对人员知识及其技能进行评价,以保证 HSE 水平的提高。

高速公路 HSE 管理体系架构如图 6-9 所示。

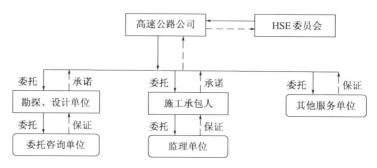

图 6-9 高速公路 HSE 管理体系架构

6.2.5 惠清高速公路项目 HSE 管理体系应用实践

惠清高速公路沿线生态环境敏感,跨越流溪河饮用水源准保护区 1284m,以全隧道形式穿越太和坑与狗姆坑饮用水源一级保护区 1310m,以隧道群方式穿越清新区太和洞县级自然保护区 5930m,以隧道群方式穿越广东太和洞省级森林公园 5930m,以桥梁方式跨越流溪河光倒刺鲃国家级水产种质资源保护区,并涉及生态严控区路段共 3 处,主要以桥梁、隧道形式穿越。

为落实工程建设期职业健康、安全、生态保护管理要求,避免出现重大的健康、安全和生态保护事故,提升工程建设综合管理能力,惠清公司建立了职业健康、安全与环境管理体系,惠清高速公路项目 HSE 管理体系文件构架见图 6-10。

同时,惠清高速公路项目编制了 HSE 管理制度汇编用以指导惠清高速项目公路工程建设的各个环节职业健康、安全、生态保护管理,指导各参建单位有效落实,主要包括 28 项规定、7 项作业许可,详见表 6-15。

惠清高速公路项目 HSE 管理体系制度汇编 表 6-15

序号	管理制度	主要内容
1	HQ-R01S-1 安全生产监督管理规定	从总体上明确安全生产监督管理的目标、机构、责任、制度,以及事故应急管理等内容
2	HQ-R01S-2 全员岗位安全生产职责规定	明确全员安全生产管理责任、考核标准、考核实施及奖惩等内容
3	HQ-R01S-3 安全生产管理队伍建设管理规定	明确机构设置、人员配置标准、人员资质要求等内容
4	HQ-R01S-4 安全生产责任制考核管理规定	明确全员安全生产管理责任、考核标准、考核实施及奖惩等内容
5	HQ-R01S-5 危险源辨识、施工风险评估管理规定	明确风险(危险)源辨识与评估、管理与控制、风险告知、重大危险源管理等内容
6	HQ-R01S-6 危险性较大分部分项工程安全管理规定	明确危险性较大工程清单制定、专项施工方案的编制审批、专项施工方案的实施、台账记录等内容

续上表

序号	管理制度	主要内容
7	HQ-R01S-7 安全生产培训教育管理规定	明确教育培训的职责分工、培训对象、内容、学时、频次、效果评价、台账记录等内容
8	HQ-R01S-8 安全生产专项费用管理规定	明确费用提取、使用范围、计量支付方式、审批流程、使用监管、台账记录等内容
9	HQ-R01S-9 安全生产会议管理规定	明确会议频次、内容、参会人、会议决定事项跟踪等内容
10	HQ-R01S-10 安全生产检查及事故隐患排查管理规定	明确隐患整改的职责分工、管理流程等内容
11	HQ-R01S-11 安全生产事故应急管理规定	明确应急事项、应急组织、应急响应、应急演练等内容
12	HQ-R01S-12 生产安全事故及信息报告管理规定	明确安全事故的报告、应急救援、统计分析、内部调查和责任追究等内容
13	HQ-R01S-13 安全信息化系统管理规定	明确安全信息系统的安全性、保密性、连续性、维护检查等内容
14	HQ-R01S-14 安全生产内业资料归档规定	明确业内资料的归档类别、归档内容、归档责任等内容
15	HQ-R01S-15 "平安工地"考核评价规定	明确"平安工地"建设评价(含开工前安全生产条件核查)的职责分工、实施步骤、评价标准、结果运用、台账记录等内容
16	HQ-R01S0-16 环境因素识别影响评价管理规定	明确环境因素识别和影响评价的方法、准则、风险控制措施策划等内容
17	HQ-R01S0-17 固体废弃物污染控制与生态保护管理规定	明确废弃物排放源、类型、污染危害、控制措施等内容
18	HQ-R01S0-18 水环境污染控制与废水排放管理规定	明确污水排放源、类型、污染危害、控制措施等内容
19	HQ-R01S0-19 噪声污染控制与野生动物保护管理规定	明确噪声排放源、类型、污染危害、控制措施等内容
20	HQ-R01S0-20 大气污染控制与生态保护管理规定	明确有害气体排放源、类型、污染危害、控制措施等内容
21	HQ-R01S0-21 环境管理、水土保持管理规定	明确环境保护的原则规定、方法、检查监督等内容
22	HQ-R01S0-22 办公区、生活区HSE管理规定	明确公共场所环境保护的原则规定、方法、检查监督等内容
23	HQ-R01S0-23 职业健康管理规定	明确职业健康管理内容、准则和监督检查等内容
24	HQ-R01S0-24 劳动防护用品管理规定	规定劳动者风险防护用品配置计划、采购、发放、使用、监督检查等内容

续上表

序号	管理制度	主要内容
25	HQ-R01S0-25 保健津贴与防暑降温用品管理规定	规定劳动者保健津贴配置原则、计划、采购、发放、使用、监督检查等内容
26	HQ-R01S0-26 HSE监测管理规定	明确HSE监测内容、频次、准则、方法等内容
27	HQ-R01S0-27 环境保护约谈管理规定	明确约谈的事项、级别、通知、内容要求等内容
28	HQ-R01S0-28 HSE变更管理规定	明确与工程设计、策划、建设施工有关变更对风险的影响、变更程序的内容
29	HQ-作业许可-1 爆破作业安全许可管理规定	规定爆破作业过程存在的风险和危害,作业许可属地管理的程序、内容、方法等内容
30	HQ-作业许可-2 动火作业安全许可管理规定	规定动火作业过程存在的风险和危害,作业许可属地管理的程序、内容、方法等内容
31	HQ-作业许可-3 高处作业安全许可管理规定	规定高处作业过程存在的风险和危害,作业许可属地管理的程序、内容、方法等内容
32	HQ-作业许可-4 进入受限空间作业安全许可管理规定	规定进入受限空间作业过程存在的风险和危害,作业许可属地管理的程序、内容、方法等内容
33	HQ-作业许可-5 临时用电作业许可管理规定	规定临时用电作业过程存在的风险和危害,作业许可属地管理的程序、内容、方法等内容
34	HQ-作业许可-6 起重作业许可管理规定	规定起重作业过程存在的风险和危害,作业许可属地管理的程序、内容、方法等内容
35	HQ-作业许可-7 饮用水源保护区作业许可管理规定	规定饮用水源区域作业过程存在的风险和危害,作业许可属地管理的程序、内容、方法等内容

为避免公路建设安全生产事故、减少环境的污染和破坏、防止人员健康的损害,从项目前期工作就应高度重视健康、安全、环境一体化管理。在确定高速公路施工方案时就充分考虑了危害和风险的要点,有针对性地采取切实可行的职业健康、安全和环境保护措施,使高速公路的建设更加经济、安全,与环境更加协调。

高速公路环境的改善难以一蹴而就,公路建设应遵照"保护优先、预防为主、防治结合"的方针,通过设计单位、建设单位、施工单位等各个部门的共同努力,努力做到"修建一条路,建好一条路",实现交通、环境、经济的协调和全面发展。

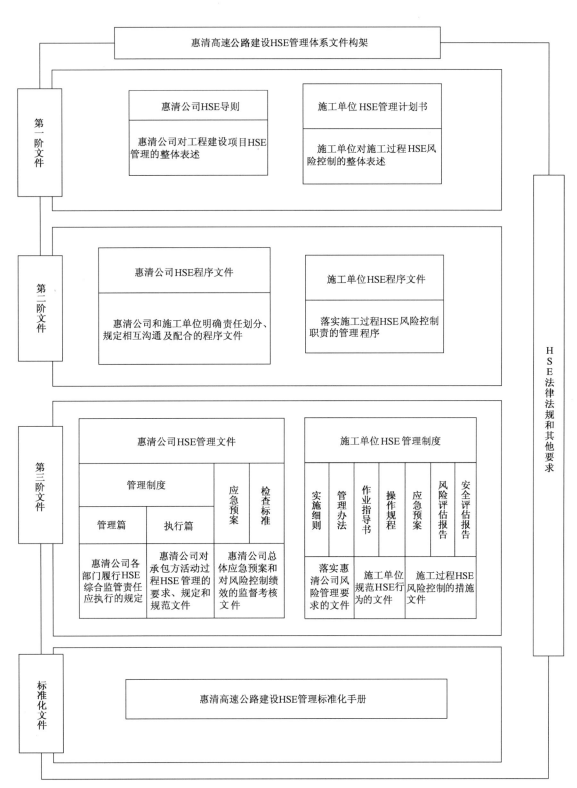

图 6-10　惠清高速公路项目公路建设 HSE 管理体系文件构架

第 7 章 文化兴安——全员意识、行为全面安全化

企业安全文化是指企业(或行业)在长期安全生产和经营活动中,逐步形成的,或有意识塑造的,为全体职工接受、遵循的,具有企业特色的安全思想和意识、安全作风和态度、安全管理机制及行为规范。企业的安全生产奋斗目标、企业安全进取精神包括:保护职工身心安全与健康而创造的安全而舒适的生产和生活环境、条件,防灾避难应急的安全设备和措施等企业安全生产形象;安全的价值观、安全的审美观、安全的心理素质和企业的安全风貌等种种企业安全物质因素和安全精神因素的总和。

安全文化是企业文化的重要组成部分,是企业员工群体所共享的安全价值观、态度、道德和行为规范组成的统一体,是先进安全理念的产物,是安全管理的最高境界。安全文化建设的核心是理念文化,理念文化的核心是价值观念,企业只有用先进的安全理念作引领、用有效的安全制度作约束、用规范的安全行为作保证、用良好的安全环境作保障,才能引领员工安全价值观的根本转变,才能建设卓越先进的安全文化,实现用文化领航企业安全发展、和谐发展、文化发展。

惠清高速公路项目坚持以习近平新时代中国特色社会主义思想为指引,坚持人的生命安全与健康高于一切的发展理念,在充分学习借鉴国内外安全管理业绩突出企业成功经验的基础上,颠覆传统经验式和制度标准式的安全管理思想,坚持安全发展、科学发展和文化发展的新理念。惠清公司决策层果断提出了构建特色安全文化管控体系模式的战略思想,以建设"平安惠清"为目标,着力提升项目安全管理水平,提高全员安全素质,用先进的安全文化引领公司安全发展、和谐发展,努力打造惠清高速公路项目安全文化品牌管控模式——简称"惠清安全模式"。

7.1 惠清高速公路项目安全文化建设顶层设计

安全管理的最高境界是安全文化,传统安全管理是人管人、人管事和制度管人、制度管事,

属于被动要求式的管理,管不出长久的安全意识,管不出良好的安全行为习惯。而文化管理是自律自控式的常态化管理,能让良好的安全行为养成习惯。因此,只有突破传统经验式管理和强制被动式管理,将安全管理上升到文化管理的境界,才能管出卓越的安全业绩,才能真正实现长周期的安全发展。

惠清高速公路项目安全文化创建坚持高起点定位、高标准要求,将安全管理定位于安全文化管理,首次在高速公路建设行业提出TSM(全面安全管理)理念,即全体参建单位和人员参与安全管理、全过程进行安全生产管控、全天候进行安全监管、全覆盖无死角地进行安全把控的安全管理理念。坚持转观念、建体系、筑模式、固习惯、控风险,遵循安全文化建设的四大"顶层设计理念",促进公司安全管理实现"四个转变":

一是安全管理由传统经验管理向制度标准管理和安全文化管理的持续转变;

二是员工的安全意识和行为由"要我安全,要我遵章守纪"向"我要安全,我保障安全"的持续转变;

三是安全风险由"安全风险不可控"向"安全风险可控受控"持续转变;

四是安全管理由安全部门"一家单管"向专业部门"齐抓共管"持续转变。

(1)顶层设计理念一:让安全管理成为文化,使文化促进企业安全。

安全文化是安全管理的灵魂。实践表明,传统管理、经验管理、法制管理,都属于外在的外部动力,属于被动安全管理,管不出员工的长久安全意识。

经验管理和法制管理属于科学的范畴,其主要目的是管绩效、管功效,即:科学管理是让工作方法更加科学、高效,让工作流程更加科学、简洁,但管不出员工的长久安全意识。

文化管理是先进理念和方法的固化与养成,安全文化创建的过程能够激发员工自主管理的内生动力,培养员工的长久安全意识和先进安全观念,固化养成良好的安全工作习惯。

企业采取什么安全管理模式,就会产生什么管理结果。因为理念决定观念,观念引领行为,行为养成习惯,习惯决定结果。因此,只有让安全管理上升到安全文化的高度,用文化管控企业安全,才能真正实现企业安全文化落地生根。

(2)顶层设计理念二:"物本"+"人本"="零伤害","无隐患"+"零违章"="零伤害"。

"物本"是指物态(设备设施、工艺系统和作业环境)的本质安全化状态,即"无隐患";"人本"是指各层级员工(决策层、管理层和操作层)行为本质安全化状态,即"零违章"。

实践证明,"物本"和"人本"是企业安全文化建设的重要组成,虽然独立存在,却相辅相成,又互相补充。如果只做到"物本",没有做到"人本",或者只做到"人本",没有做到"物本",都不会实现"零伤害"。只有既做到"物本",又做到"人本",才能让"物质文化"和"行为文化"落地,才能让零伤害真正实现。因此,安全文化建设必须从"两本"建设做起。作为高速公路运营企业,高速公路设备设施、工艺环节、运营环境是"物本"建设的重要内容;员工本质安全化的观念、行为固化的养成是"人本"建设的重要内容。

(3)顶层设计理念三:让先进安全理念成为思维习惯,让思维习惯积淀成为安全文化。

理念决定观念,观念决定态度,态度导向结果。当员工安全观念没有固化时,必须用先进的安全理念去引领,让先进的安全理念成为员工的思维习惯,通过长时间的持续固化,就会变成一种文化。如所有的平台走台必须设防护,这是一条理念,只要员工牢记并入脑入心,在任何区域或场所就会寻找平台走台,就会确认平台走台有无防护,这就是一种良好习惯的养成。为了让公司员工能够养成良好的习惯,公司必须结合行业特点,挖掘提炼先进的物态安全理念、先进的行为安全理念,将"物态安全理念"固化成技术规范,形成"物本"建设的思维习惯,积淀成物质文化,实现用"物质文化"管控"物态"安全;将"行为安全理念"固化成行为规范,形成"人本"建设的思维习惯,积淀成行为文化,实现用"行为文化"管控"行为"安全。

(4)顶层设计理念四:良好的安全环境能改变员工观念,先进的安全观念能引导员工行为。

常言道,观念变不变,环境说了算,行为变不变,观念来决定。人管人累死人,制度管人管死人,文化管人管灵魂,环境能够管出本质安全人。如果企业营造了强烈的安全文化环境氛围,人人都是引领者,人人都是纠偏者,就会激发遵章守纪意识淡薄的员工也能养成自律自控的良好行为习惯,安全文化建设要十分重视安全环境的营造。在安全理念文化创建过程中,特别是在理念宣贯阶段,理念仅仅是入脑,没有形成理念文化,在此阶段,观念往往不固化,因此,应特别注重"理念宣贯与环境营造"同步进行。让环境改变观念,观念引领行为,行为养成习惯,习惯积淀成文化,真正实现用文化管控安全。当安全理念形成安全理念文化时,观念就会固化,认识就会固化,行为也会固化,此时,即使环境改变了,观念也不会改变。

7.2 多措并举,全面推动安全文化建设

惠清高速公路项目按照国家安全生产改革和发展的战略部署,全面创新安全管理思路,坚持科学、系统和全面的安全管理理念,全力打造项目的本质安全,全面推动安全文化建设。

7.2.1 强化组织机构,构建立体式的安全文化格局

企业安全文化建设是一项复杂的系统工程,它包括企业在安全宣传、教育管理、控制实施等方面的建设,涉及企业党政工团各级组织和各个业务部门、生产单位,涉及千家万户和全体职工群众。在项目建设初期,惠清高速公路项目就建立了以公司总经理和党总支书记为第一责任人,由党、政、工、团等部门负责人组成的安全文化建设领导机制,负责企业安全文化建设工作的统筹规划,制定企业的安全方针和安全目标,明确各职能部门在安全文化建设中的具体

职责,并要做好宣传动员、督促检查、总结评价等各项工作,构建起安全文化的立体式、网络化的管理体系,形成党政工团齐抓共管、广大职工人人参与的良好格局,确保整体效应的发挥。

7.2.2 外化于形,明晰企业文化外化结构,增强员工文化认同

(1)惠清高速公路项目视觉识别系统。

① 惠清高速公路项目标识:沿用广东省交通集团企业标识,一脉相承,如图7-1所示。

②惠清高速公路项目企业标准色。红色:象征激情、创新、活力、自信、进取、变革,蓝色:象征理性、实干、开放、科技、务实、精细。

(2)惠清印章如图7-2所示。

图7-1　惠清高速公路项目标识　　　　　　图7-2　惠清印章

(3)将惠清目标、惠清理念和惠清精神融入惠清之歌,如图7-3所示。

(4)应用惠清高速公路微信公众号,报道项目建设动态,如图7-4所示。

图7-3　惠清之歌　　　　　　图7-4　惠清高速公路微信公众号

7.2.3 内化于行,以创新实干推进惠清安全文化建设

前期筹建阶段,率先在行业内编制并印发了项目安全生产管理策划,提出组织、合同、经济、技术等安全管理措施,对项目全寿命周期的安全生产管理进行科学、系统和全面的指引,明确了惠清高速公路项目建管养全寿命周期"系统大安全"管理模式的路线图,取得了显著的安全管理成效和示范推广效应。

设计阶段,对施工现场重要部位和关键工序的安全防护设施进行规范化和标准化的设计,创新设计安全防护设计图纸并作为招标文件,明确桩基施工、墩柱施工、桥面临边施工、盖梁施工等25项安全防护设施的技术要求和标准图纸,相关成果被交通运输部纳入品质工程"施工现场安全标准化"攻关行动。

招标阶段,编制了《惠清高速项目安全管理强制性标准》和《HSE(健康、安全、环境)管理体系》,作为合同附件,约束参建各方的安全生产管理行为,明确施工现场的安全技术标准,有效协调主体工程建设和安全及生态保护措施落实之间的关系,关注现场施工人员的职业健康,健全施工全过程风险控制。

施工阶段,进行了九项创新,具体包括:

(1)在行业内首创并成功推行全面安全管理(TSM)模式,对项目安全生产进行全员、全过程、全覆盖和全天候的管控。

(2)将地质灾害危险性评估作为项目全线"两区三厂"建设的前置条件,有效避免了选址落在地质灾害易发区域。

(3)采用全套管全回转钻孔灌注桩成孔工艺解决岩溶区桩基施工问题,开展便携式实时预警技术及监管体系研究、应用,解决大断面隧道开挖施工的安全预警和监管问题,夯实不良地质路段施工本质安全基础。

(4)推行"6S"管理体系及应用实践,进一步提升了项目施工场地的规范化、标准化和精细化管理水平。

(5)在预制厂和隧道施工作业现场推行HSE管理体系,落实工程建设期职业健康、施工安全、生态保护管理要求,有效提升了工程建设综合管理能力。

(6)提出并严格落实一线工作法、清单工作法、隐患整改台账法、挂牌督办法的工作方法(简称"四法工作法"),有效夯实了各方的安全生产责任,全面推动各项安全生产管理措施落细、落实。

(7)打破了以往高速公路建设项目安全生产只罚不奖的惯例,在双优竞赛奖金中列支资金,通过"打造惠清高速公路项目安全生产管理质量标杆"系列创建活动,有效调动了工人的安全

生产积极性,树立了施工临时用电、高墩施工定制式安全爬梯、盖梁操作平台等12个亮点工程,取得了安全生产规范化、标准化管理的良好示范效果。

(8)敢为人先,全力推动安全生产标准化,多项成果被《广东省高速公路工程施工安全标准化指南》(管理行为篇、安全技术篇)采纳,并在项目先试先行。基于示范结果,出版了国内首部《公路工程施工安全防护设施技术指南》,提出了公路工程常用12类现场安全防护设施技术要求。2018年2月,惠清高速公路项目被作为试点项目,出色完成了交通运输部品质工程攻关行动《"两区三厂"建设安全标准化指南》编写、出版任务,受到了交通运输部的书面表扬。

(9)安全防护设施微创新活动广泛开展,取得了预制箱梁液压行走式模板工艺、桥面装配式护栏等65项施工微创新技术成果,全面提升了科技强安水平。

7.2.4　寓教于乐,寓教于情,提升安全教育培训实效性

(1)统一采用多媒体工具箱开展形式丰富的安全培训。本着"安全意识不到位是最大的危险源"的思想,惠清公司将各级管理人员、施工人员的安全培训作为重点工作常抓不懈,通过全线推广使用"工程项目移动式多媒体安全培训工具箱",有效解决了内容流于形式、培训效果差、培训师资匮乏、内容无针对性及培训档案不齐全的难题,动静结合,寓教于乐,同时该工具箱集考勤、建档、培训、考试、阅卷等功能为一体,有效实现了安全教育实名制,通过丰富的安全知识培训和案例学习宣贯,使一线人员从心里敬畏安全、了解事故危害、掌握本岗位技能,切实提高安全意识水平,筑牢安全思想大坝,从而实现安全管理关口前移,防患于未然。

(2)组建安全体验馆,变"说教式"教育转变为亲身"体验式"教育。为了让施工人员切身了解施工现场安全危险源及防护细节等,惠清高速公路项目在TJ5标统一建设了大型安全体验馆,对全线18个标段免费开放,提供学习交流的平台和安全资源。TJ9、TJ14、TJ17标结合实际设置了针对隧道施工的现场安全体验馆,更加便于一线人员身临其境,让施工人员从各种真实模型中亲身体验安全帽撞击、触电、高处坠落、隧道爆炸等体验,有声有色地将以往"说教式"教育转变为亲身"体验式"教育,将职业学习、技能提升变得更加生动、形象、直观,使每位施工人员都能亲临"事故现场",感受"事故危害",从内心深处产生安全敬畏感,达到"安全第一,预防为主"的目的,与此同时,掌握安全施工所必需的知识和技能。

(3)为有效提升管理水平和能动性,惠清公司延伸拓展安全文化创建思路,根据项目实际适时邀请行业主管部门资深人员、行业专家,莅临开展以"惠清大讲堂"为载体的安全管理培训,宣传安全管理方法、安全体系建设、事故案例分析、临时用电管理、安全文化建设等专题知识讲座,通过组织开展的13场次"惠清大讲堂"专题讲座,很大程度促进了安全意识扎根惠清人,提升了全体安全意识水平和管理能力。

（4）惠清高速公路项目充分利用广播、电视、板报、宣传栏等宣传舆论工具和形式，积极建设安全文化园地、安全文化社区，广泛开展安全宣传活动日、安全生产月、安全知识竞赛、技术比武、劳动竞赛、安全座谈、安全签名等活动，编制安全文化手册，使安全文化进项目、到班组、入家庭，在企业内部形成浓厚的安全文化氛围。同时，致力于探索改善生产一线安全文化环境，对重点部位、关键环节实行全面的规范化整治，营造安全文化"软"环境，使宣传在安全文化建设中进一步发挥教育导向和服务作用，使广大职工在潜移默化的教育和熏陶中，增强安全意识，自觉遵从安全管理制度，从而有效提升企业安全文化建设水平。

"惠清高速公路项目系统大安全模式"的成功实践和不断升华，逐步形成了高速公路建设安全管理的模板和文化品牌，为高速公路建设安全文化传承提供了科学、管用、有效的思维模式和先进的方法引领体系。

第 8 章
惠清高速公路项目安全管理效果与评价

回望惠清高速公路的安全管理历程，隧道开挖、高墩浇筑、涉路施工、台风、疫情……轮番考验着建设者们的身心，但项目建设者们迎难而上，坚守初心，勇毅前行。作为全国首个交通运输部"两示范一试点"（交通运输部先后授予惠清高速公路项目"绿色典型示范公路""科技示范工程""品质工程试点项目"）及各类省级示范项目，惠清高速公路项目安全生产管理卓有成效，在历次检查评比中，受到部、厅等上级主管部门和同行的充分认可和高度评价，安全管理成果和奖励主要如下：

(1) 项目建设期内安全生产零责任事故、零责任伤亡。

(2) 承担交通运输部品质工程攻关行动 1 项、广东省交通运输厅科研课题 15 项，其中交通运输部品质工程攻关成果《"两区三厂"建设安全标准化指南》于 2019 年 4 月由人民交通出版社股份有限公司出版发行。

(3) 形成发明专利 100 多项，其中安全生产方面发明专利五项，包括：①一种基于北斗的行车报警系统（实用新型），专利号：ZL 2020 21376053.0；②公路毗邻隧道光环境模拟实验系统，专利号：CN201822032867.1；③一种模拟隧道开挖变形控制的试验装置，专利号：CN202020101401.7；④一种 T 形梁预制施工钢筋绑扎台架，专利号：ZL 20182 0936916.1；⑤一种高速公路建设工地安全巡查无人驾驶飞机（发明专利），在审。

(4) 已出版专著两部：《微创新助力品质工程建设——广东惠清高速公路实践案例》《公路建设水环境：安全保障关键技术研究与实践》。

(5) 在公路交通科技等国内外专业期刊发表论文 200 余篇。

(6) 2016 年参编了《广东省高速公路工程施工安全标准化指南》（管理行为篇、安全技术篇），并于 2017 年 3 月由人民交通出版社股份有限公司正式出版发行。

(7) 广东省交通运输厅发文委托惠清高速公路项目开展"广东省高速公路工程施工安全防护标准化课题"研究和产品的先行先试，作为课题主要成果的《公路工程施工安全防护设施技术指南》于 2019 年 9 月由人民交通出版社股份有限公司正式出版发行。

（8）2019年7月成功举办"全国第二届品质工程论坛暨惠清高速公路项目公路绿色科技示范工程现场观摩会"，获得参会领导和代表的一致好评。

（9）2017年度广东省公路水运工程平安工地示范项目评比中排名全省第一。

（10）2018年在广东省交通运输厅在建高速公路工程质量安全综合检查中，惠清高速公路项目名列第二名。

（11）2019年在广东省交通运输厅在建高速公路工程质量安全综合检查中，惠清高速公路项目名列第三名。

（12）2020年，在中国公路学会"微创新"大赛中荣获1金6银4铜。

（13）"基于无人机技术的高速公路建设信息化管理"成果荣获第二十八届广东省企业管理现代化创新成果一等奖。

（14）"惠清高速公路项目建设管理一体化系统研发与应用"成果荣获第二十九届广东省企业管理现代化创新成果一等奖。

（15）2021年11月，获2020年度全国公路水运建设项目平安工程冠名第三名。

成绩的取得来之不易，惠清高速公路项目系统大安全管理创新和实践的背后是一群执着、坚定、有理想、有担当的中国工程师和建设管理人员，他们建造的不仅仅是一条公路，更是一条凝结着创新汗水的智慧之路，一个穿山越水绿色永续的生态之路，一座践行"共建共治共享"理念的新时代交通建设的里程碑。全体惠清参建人员"不忘初心、牢记使命"，践行"创新、协调、绿色、开放、共享"，通过管理创新、技术创新、工艺工法创新引领行业进步，为行业发展贡献了惠清人力量。总结惠清高速公路项目安全管理创新经验，促进交通运输行业落实"安全发展""平安中国""人民至上、生命至上"的总要求，可为交通建设行业健康可持续、高质量发展贡献惠清智慧。惠清高速公路项目建设必将在中国高速公路建设史上留下浓墨重彩的一笔！

附录 A

惠清高速公路项目安全生产管理策划

广东惠清高速公路有限公司

目 录

1 编制目的和依据 ·· 95
　1.1 编制目的 ·· 95
　1.2 编制依据 ·· 95
2 项目概况和项目安全生产主要风险 ·· 96
　2.1 项目简况 ·· 96
　2.2 项目安全风险控制点 ·· 96
　　2.2.1 环境保护主要控制点 ·· 96
　　2.2.2 高边坡安全主要控制点 ··· 98
　　2.2.3 桥梁工程安全主要控制点 ·· 99
　　2.2.4 隧道工程安全主要控制点 ·· 99
　　2.2.5 其他项目的安全主要控制点 ·· 100
3 安全生产管理的目标和总体思路 ··· 100
　3.1 安全生产管理目标 ·· 100
　3.2 安全生产管理策划思路 ·· 100
　　3.2.1 安全生产管理的总体思路描述 ··· 100
　　3.2.2 安全生产管理的理念 ··· 101
4 项目前期筹建阶段安全生产管理策划 ··· 101
　4.1 主要工作内容和目标 ··· 101
　4.2 主要措施 ·· 101
　　4.2.1 组织措施 ·· 101
　　4.2.2 技术措施 ·· 103
　　4.2.3 合同措施 ·· 105
5 项目施工阶段安全生产管理策划 ··· 109
　5.1 主要工作内容和目标 ··· 109
　5.2 主要措施 ·· 109
　　5.2.1 组织措施 ·· 109

  5.2.2 技术措施 ……………………………………………………………… 111
  5.2.3 管理措施 ……………………………………………………………… 113
  5.2.4 经济措施 ……………………………………………………………… 125

6 项目缺陷责任期安全生产管理策划 ……………………………………………… 126
6.1 工程建设缺陷责任期的主体责任划分 ………………………………………… 126
6.2 工程建设缺陷责任期内各方安全管理职责 …………………………………… 126
  6.2.1 建设单位安全管理职责 ……………………………………………… 126
  6.2.2 运营单位安全管理职责 ……………………………………………… 126
  6.2.3 监理单位安全管理职责 ……………………………………………… 127
  6.2.4 施工单位安全管理职责(含养护单位) ……………………………… 127
6.3 风险控制措施 ……………………………………………………………………… 128
  6.3.1 建设单位工程质量缺陷风险控制措施 ……………………………… 128
  6.3.2 运营单位非工程质量缺陷风险控制措施 …………………………… 128
6.4 缺陷责任期安全生产主要工作内容 …………………………………………… 128
  6.4.1 建设单位质量缺陷期安全生产工作主要内容 ……………………… 128
  6.4.2 运营单位安全生产主要工作内容 …………………………………… 128
  6.4.3 缺陷责任期内工程质量缺陷处置流程图 …………………………… 130

附录 A-1 施工图安全专章设计内容 ……………………………………………… 130
附录 A-2 安全施工处罚项目一览表 ……………………………………………… 131
附录 A-3 安全生产强制性规定 …………………………………………………… 134
附录 A-4 危险性较大工程 ………………………………………………………… 135

1 编制目的和依据

1.1 编制目的

根据"预防为主,创新共享"的原则,通过对惠清项目安全风险控制点系统、周密和科学的分析,确定项目安全生产管理的重点和难点,系统并有针对性地制订科学、可行的方案,达到有预见性地规划和指导项目安全生产合同、制度、岗位职责的制定和安全生产现场监督检查工作的目的,最终确保项目安全生产管理目标的实现。

1.2 编制依据

(1)《中华人民共和国安全生产法》(2014年12月1日起施行)。

(2)《中华人民共和国环境影响评价法》(2003年9月1日起施行)。

(3)《中华人民共和国职业病防治法》(2002年5月1日起施行)。

(4)《广东省安全生产管理条例》(2014年1月1日起施行)。

(5)《广东省环境保护条例》(2005年1月1日起施行)。

(6)《广东省特种设备安全条例》(2015年10月1日施行)。

(7)《公路工程施工安全技术规范》(JTG F90—2015)。

(8)《公路项目安全性评价规范》(JTG B05—2015)。

(9)《公路水运工程安全生产监督管理办法》(2007年3月1日起施行)。

(10)《关于加强公路水运工程质量和安全管理工作的若干意见》(交安监发〔2014〕233号)。

(11)《交通运输部关于印发公路水运工程建设重大事故隐患清单管理制度的通知》(交安监发〔2015〕156号)。

(12)《交通运输部关于印发交通运输系统"平安交通"创建活动实施方案的通知》(交安监发〔2013〕116号)。

(13)《交通运输部高速公路建设标准化管理指南》。

(14)《广东省公路工程平安工地建设考核评分标准》。

(15)《广东省高速公路建设标准化管理规定(试行)》。

(16)《广东省交通集团高速公路建设工程安全生产标准化管理手册》。

(17)《广东省交通集团公路工程平安工地建设活动实施方案》。

(18)《广东省路桥建设发展有限公司安全生产管理制度》。

2 项目概况和项目安全生产主要风险

2.1 项目简况

惠州至清远高速公路项目(以下简称"惠清项目")是广东省高速公路规划网"二横"线——汕湛高速公路的重要组成部分,属省重点建设项目。路线起于惠州市龙门县龙华镇横槎村,与广河高速公路T形交叉,经惠州市龙门县永汉镇、广州市从化区良口镇、清远市佛冈县汤塘镇和龙山镇、清远市清城区飞来峡镇,分别与大广、京珠、广乐等高速公路交叉,止于清远市清新区太和镇井塘村,顺接汕湛高速公路清远至云浮段。项目总投资约217.98亿元,全线采用双向六车道建设标准,路基宽33.50m,设计速度100km/h,桥梁设计汽车荷载为公路-Ⅰ级,地震动峰值加速度为0.05g。

项目全长126.264km,其中惠州市龙门县境内19.314km,广州市境内29.961km,清远市境内76.002km。全线桥隧比为51.5%,折合桥梁长度43.218km,共设主线桥103座(其中特大桥11座),折合隧道长度21.352km,共设隧道16座(其中特长隧道2座),互通式立交16处(含1处预留),管理中心1处,服务区2处,停车区2处,集中住宿区3处。

2.2 项目安全风险控制点

2.2.1 环境保护主要控制点

本项目路线所经区域旅游资源丰富,生态环境友好,分布有:南昆山自然资源保护区(省级)、全国十大森林公园标兵单位之一的流溪河国家森林公园、流溪河水库二级水源保护区、广州市从化区规划"新温泉"、飞来峡风景区(省级)、迳口水库一级水源保护区、清远笔架山风景区(省级)、太和古洞风景区(市级)、玄真漂流风景区(国家AAAA级旅游区)等十几个风景名胜区,详细情况见附表A-1。本项目经过多个自然保护区及生态严控区,全线跨越的生态环境敏感点众多,环境保护管理难度大。

惠清项目环境保护主要控制点　　　　附表A-1

保护目标	保护目标特征	与项目的相关关系	主要影响
穿越生态敏感区	清新太和洞县级自然保护区	全隧道形式通过自然保护区,2座隧道分别为八片山隧道(K172+565~K173+570)、太和洞隧道(K173+752~K178+040),位于自然保护区内长度分别为1005m和4288m,共5293m	施工期对生态敏感区用地范围内的植被产生破坏,对野生动物造成惊吓,远离施工区,对敏感区原生生境造成干扰;施工期对敏感区局部景观造成轻微影响,随施工结束逐渐恢复
	广东太和洞森林公园	全隧道形式通过森林公园,2座隧道分别为八片山隧道(K172+565~K173+570)、太和洞隧道(K173+752~K178+040),位于森林公园内长度分别为1005m和4288m,共5293m	

续上表

保护目标	保护目标特征	与项目的相关关系	主要影响
穿越生态敏感区	从化五指山县级森林公园	主线 K94+081.8~K95+270.7 由东向西以路基和桥梁形式穿越了五指山森林公园,穿越路段长约1189m,其中桥梁(楼田2号大桥和流溪河特大桥)长度约为1057.8m,占穿越路段长度的88.97%	施工期对生态敏感区用地范围内的植被产生破坏,对野生动物造成惊吓,远离施工区,对敏感区原生生境造成干扰;施工期对敏感区局部景观造成轻微影响,随施工结束逐渐恢复
	广州市从化区新温泉县级森林公园	主线 K95+240~K97+547 和 K97+930~K101+769 由东向西二次穿越了广州市从化区新温泉县级森林公园,穿越路段总长约3km,主要以流溪河特大桥、大岭隧道、赤树隧道等桥隧,以及部分路基穿越,穿越段桥隧比为71.6%	
	流溪河光倒刺鲃国家级水产种质资源保护区	主线 K85+597.8~K87+195(新塘特大桥)、K94+296.6~K95+228(流溪河特大桥)路段以桥梁形式穿越水产种质资源保护区实验区	施工期对水产种质资源保护区水环境及水生生物生境质量存在短期、小范围影响,小面积侵占区域水域面积
生态严控区	惠州市境内生态严控区	主线 K62+410~K75+400 路段共12.99km范围位于惠州市龙门县境内	施工期对严控区用地范围内的植被产生破坏,对野生动物造成惊吓,远离施工区,对严控区原生生境造成干扰;施工期对敏感区局部景观造成轻微影响,随施工结束逐渐恢复
	广州市境内生态严控区	主线 K75+400~K88+236(12.836km),K92+370~K95+143(2.773km),共15.609km位于广州市从化区境内	
	清远市境内生态严控区	主线 K169+804~K175+308 路段共5.504km位于清远市境内	
临近的生态敏感区	南昆山省级自然保护区	位于线路南侧约1.6km,最近桩号为 K83+000	施工期间,施工人员、机械误入临近的生态敏感区,或大型临时设施选址不当设置于临近生态敏感区范围内,导致敏感区植被破坏及动物生境的丧失
	清远笔架山自然保护区	位于线路北侧约0.68km,最近桩号为 K172+900	
	滨江水生生物自然保护区	位于线路西北侧1.96km,最近桩号为 K182+490	
	清新回兰明霞洞县级自然保护区	位于线路西北侧约2km,最近桩号为 K182+490	
	油田森林公园	位于线路北侧约1.2km,最近桩号为 K57+050	
	笔架山森林公园	位于线路北侧约0.68km,最近桩号为 K172+900	
	从化陈禾洞森林公园	位于线路北侧约2.5km,最近桩号为 K75+600	
	从化温泉风景名胜区	位于线路南侧0.6km,最近桩号为 K98+000	

2.2.2 高边坡主要安全控制点

本项目工程规模大,地质复杂,全线三级以上高边坡95处,其中4级高边坡33处,5级高边坡27处,6级高边坡4处。五级以上高边坡主要安全控制点分布见附表A-2。

五级以上高边坡主要安全控制点　　　　　　　　　　附表A-2

序　号	起讫桩号	边坡级数	边坡高度(m)
1	K58+877～K58+980	共5级	43.5
2	K58+980～K59+100	共5级	48
3	K60+260～K60+415	共5级	47.7
4	K60+520～K60+670	共5级	50
5	K67+301～K67+457	共5级	47.3
6	K67+586～K67+837	共5级	46.3
7	K59+352～K59+577	共5级	46
8	K70+313～K70+440	共5级	47.1
9	K71+380～K71+527	共5级	44.7
10	K71+585～K71+715	共5级	42.4
11	ZK73+090～ZK73+180	共5级	44.7
12	ZK82+471～ZK82+576	共5级	42.8
13	ZK83+155～ZK83+443	共5级	51.4
14	K89+096～K89+323	共5级	50
15	K89+965～K90+064	共5级	45.7
16	K100+750～K100+920	共5级	50
17	LK100+860～LK100+975	共5级	50
18	LK102+090～LK102+360	共5级	51
19	K105+565～K105+720	共5级	44
20	K105+720～K105+860	共5级	46
21	K107+115～K107+320	共5级	44
22	K114+815～K115+110	共5级	53
23	K115+750～K115+900	共5级	45
24	K64+089～K64+257	共6级	57
25	K98+010～K98+180	共6级	62
26	K102+105～K102+360	共6级	62
27	K116+450～K116+640	共6级	55

2.2.3 桥梁工程主要安全控制点

惠清项目全线共设主线桥103座,其中特大桥11座,大桥82座,针对桥梁工程的主要风险源:桥梁高空作业、桥梁挂篮施工、跨航道施工、跨高速公路施工、跨国省道施工、跨铁路施工等,惠清项目的桥梁工程主要安全控制点见附表A-3。

桥梁工程主要安全控制点 附表A-3

序 号	中心桩号	桥梁名称	主要风险源
1	K62+050	南山1号特大桥	高墩施工
2	K65+100	麻埔特大桥	70m的高墩施工
3	K83+210	五指山1号特大桥	高墩施工
4	K86+321	新塘特大桥	高墩施工
5	K91+052	塘尾1号特大桥	高墩施工
6	K94+864	流溪河特大桥	跨G105和流溪河,挂篮施工
7	K149+948	北江特大桥	上跨京广客运专线、省道S253和北江,挂篮施工
8	K163+382	文洞河特大桥	跨文洞河和规划路
9	K168+781	凤翔特大桥	跨乡村道路,局部与旅游大道并行
10	K171+792	沙田特大桥	跨笔架河、规划的旅游大道和长浦路,以及乡道Y101、Y171、Y288
11	K180+172	滨江特大桥	跨城西大道和滨江
12	K99+200	石岭枢纽互通跨线桥	上跨大广高速公路
13	K119+400	升平枢纽互通跨线桥	下穿京珠高速公路
14	K153+531.203	东城枢纽互通跨线桥	上跨广乐高速公路
15	K182+788.791	清新枢纽互通跨线桥	上跨广清高速公路
16	K55+348.612	打鼓岭枢纽互通跨线桥	上跨广河高速公路
17	K156+936	下穿武广高速铁路中桥	下穿武广高速铁路

2.2.4 隧道工程主要安全控制点

本项目全线设隧道16座,隧道工程的主要风险源为隧道工程中的不良地质隧道、特长隧道等。惠清项目的隧道工程主要安全控制点见附表A-4。

隧道工程主要安全控制点 附表A-4

序 号	隧道名称	起讫桩号	隧道长度(m)	主要风险源
1	南昆山隧道	ZK73+240～ZK77+417	4177	特长隧道
2	桥头隧道	ZK80+668～ZK82+451	1783	单坡长隧道
3	赤岭隧道	K83+917～K85+635	1718	单坡长隧道
4	长山埔1号隧道	K87+205～K88+216	1011	单坡长隧道
5	石榴花隧道	K91+815～K93+746	1931	长隧道
6	石岭隧道	ZK105+846～ZK106+380	534	洞口浅埋
7	高山顶隧道	ZK116+680～ZK118+193	1513	选址旁有山塘
8	八片山隧道	K172+568～K173+570	1002	进洞口浅埋
9	太和洞隧道	KI73+752～KI78+040	4288	特长隧道、出口浅埋

2.2.5 其他项目的主要安全控制点

惠清项目所在区域地质复杂,断裂构造带发育众多,地质灾害频发,滑坡、崩塌、软基等不良地质分布广泛,部分地段存有高液限土和膨胀土,残坡积层厚,边坡稳定性差,其中清远市石灰岩广泛分布,地下溶洞、塌陷、土洞、岩石断层、暗河等不良地质现象对线路的设计、施工造成极大影响,安全生产管理难度大大增加。

3 安全生产管理的目标和总体思路

3.1 安全生产管理目标

(1)责任事故重伤率为0;
(2)责任事故死亡率为0;
(3)为惠清项目全体参建人员提供健康工作环境,职业病发病率为0;
(4)一次设备责任事故直接经济损失不大于10000元;
(5)工程、公务、交通运输车辆无发生同等及以上责任死亡事故;
(6)无发生一般及以上火灾事故;
(7)"平安工地"考核评分90分以上,满足"平安工地"示范工程要求;
(8)取得交通运输部"平安工程"冠名。

3.2 安全生产管理策划思路

3.2.1 安全生产管理的总体思路描述

以创建"平安工地"、"平安工程"部级示范项目,贯彻安全生产标准化和开展"零事故班组"活动为抓手,在项目前期筹建阶段、施工阶段和缺陷责任期阶段,通过组织、合同、经济、技术和管理措施,结合安全生产责任体系、制度体系、危险源辨识、风险评价与控制、培训教育与宣传、安全生产费用管理和安全生产应急管理等安全生产管理要素,推行"全员、全过程、全覆盖、全天候"的TSM(全面安全管理)理念,形成惠清项目的安全生产管理体系和长效机制,打造项目的本质安全。

3.2.2 安全生产管理的理念

1)全员

通过严格落实"党政同责、一岗双责、失职追责"的安全责任体系,要求项目业主、监理和施工单位按照相关的法律、法规建立安全生产组织机构,并通过制定和层层签订安全生产目标责任书,明确所有参建单位管理人员的安全生产职责,安全责任层层落实到人,职责分解一步到位,形成全员参与安全生产管理的责任体系。

2)全过程

通过项目安全生产管理策划,明确安全生产管理目标,从项目前期筹建阶段、施工阶段和缺陷责任期阶段全过程规划、组织、协调和监督落实整个项目建设期的安全生产管理工作。

3)全覆盖

通过组织、合同、经济、技术和管理措施,将安全生产责任体系、制度体系、危险源辨识、风险评价与控制、培训教育与宣传等安全生产管理要素串联起来,形成安全生产管理体系,实现施工现场的项目驻地、路基、桥梁、隧道、路面、绿化、交通安全和房建工程安全生产管理的全覆盖。

4)全天候

通过与当地气象部门或气象预报公司合作,获得精确的气象数据,对项目全线的气候进行监控、预报。踏准节奏,提前布置,抓住有利天气施工,及时预控,避免灾害天气带来的安全问题。对项目安全生产进行全天候、不间断、无缝式的科学管理。

4 项目前期筹建阶段安全生产管理策划

4.1 主要工作内容和目标

监理和施工单位中标前,业主安全生产管理的主要工作内容和目标包括:①落实"一岗双责",完善项目业主安全生产责任体系;②参与完善招标合同,细化条款内容;③以技术保安全,开展地质勘察、地质选线、初步设计安全风险评估和在施工图设计图纸中设置安全专章;④加强对地质勘探现场的安全生产过程控制。

4.2 主要措施

4.2.1 组织措施

1)建立健全建设单位安全责任体系

(1)组建安全生产管理机构,明确岗位职责。

①发文建立完善安全管理机构、成立安委会和安全生产办公室;

②按照惠清项目机构设置及人员编制方案,制定印发惠清项目全员岗位安全生产职责分解,明确惠清项目所有领导班子成员和全体员工的安全生产职责,职责分解一步到位。

为深化安全生产责任制,严格落实"一岗双责",实现安全生产工作重心下移,重抓一线,管生产必须管安全,解决安全管理工作容易出现安全和工程部"两张皮"的问题,惠清公司非常重视工程部标段长对安全工作的管理,制定非常明确的安全生产管理工作职责。例如,在岗位职责中要求标段长在施工单位进场前必须按照本标段的工程特点制定危险源和危险性较大工程清单,并每月进行更新和分类,做到心中有本账;标段长必须参加安全部组织的月度安全综合大检查、参加省质监站、集团和路桥公司等上级部门组织的安全检查,对检查提出的整改要求形成台账,跟踪落实,并在月度安全工作例会中对本标段的安全问题整改情况进行通报;标段长必须检查危险性较大工程的专项施工方案的编制和现场落实情况,确保现场安全措施有效实施。

(2)配备安全生产管理人员,全面落实安全生产责任制。

①按照集团和省交通运输厅"平安工地"建设要求,建设项目投资50亿以上(含50亿)配备不少于2名专职安全管理人员,且每增加50亿增加1名专职人员。本项目估算投资217.98亿元,设置专职安全管理部,配备7名专职安全管理人员。

②制定并层层签订安全生产目标管理责任书,全面实行"党政同责、一岗双责、失职追责",建立全员安全生产责任制度,形成党支部重视安全、行政主抓安全、技术部门保障安全、工程部门落实安全、监管部门监督安全、全体员工做好安全的全员安全责任体系。

(3)参照相关的法律法规,结合项目特点、安全生产管理目标,强化制度落实,完善安全生产制度体系。

惠清项目安全生产管理制度清单见附表A-5。

惠清项目安全生产管理制度清单　　　　　　　　　　　　附表A-5

序　号	制　度　名　称
1	全员安全生产责任制度
2	危险源辨识、风险评价与控制制度(桥梁和隧道工程设计、施工阶段安全风险评估制度)
3	安全生产会议制度
4	安全生产费用管理制度
5	安全生产教育培训制度
6	安全生产检查、隐患排查制度
7	安全生产事故报告、应急救援及处理制度
8	安全生产档案管理制度
9	安全生产考核奖惩和责任追究制度
10	其他保障安全生产的规章制度

为了有效约束监理和施工单位的安全生产管理行为,惠清公司根据项目特点,针对性地制定了安全生产费用管理制度和安全生产考核奖惩和责任追究制度,其中明确规定了将安全生

产管理的达标作为月度计量的门槛,将安全生产管理的评分作为"双优竞赛"和劳动竞赛20%的评分权重写入相关的竞赛办法,使安全生产管理与月度计量挂钩,与"双优竞赛"和劳动竞赛挂钩。

为有效促进平安工地的创建活动,惠清公司根据《交通运输部关于印发交通运输系统"平安交通"创建活动实施方案的通知》(交安监发〔2013〕116号)、《广东省交通运输厅"平安交通"创建活动实施方案》的要求,参照《广东省公路工程平安工地建设基本要求》和《广东省公路工程平安工地建设考核评分标准》,专门制定了《惠清项目平安工地建设活动考评管理办法》,利用合同中承包人违约处罚条款和安全生产处罚一览表对承包人违反安全条款实施的罚款没收,统一由公司财务转到安全生产奖励基金账户,用于安全生产奖励,抓好创建平安工地的过程管理。

2)完善勘察设计单位安全责任合同

通过勘察设计安全生产合同,明确勘察设计单位的安全生产责任,要求其建立勘察设计内、外业的安全生产责任体系。确保安全生产经费投入,配置地质详勘工作的专职安全管理人员,建立完善的安全应急管理体系、内业归档制度和现场安全生产检查和奖惩制度。

4.2.2 技术措施

1)开展工程可行性研究阶段安全预评价

根据《公路项目安全性评价规范》(JTC B05—2015)的要求,在工程可行性研究阶段应委托有资质的评价机构开展项目安全预评价工作,对建设项目内在的危险和有害因素进行分析,开展安全生产条件论证,编制安全专篇,提出安全对策及技术措施。

2)组织初步设计阶段安全风险评估

按照《关于在初步设计阶段实行公路桥梁和隧道工程安全风险评估制度的通知》(交质监发〔2010〕175号)的精神,项目开展特大桥和特长隧道的初步设计安全评估(本项目符合条件的单位工程为南昆山特长隧道和太和洞特长隧道),并将评估意见落实到图纸的修编工作中。

3)实行施工图设计阶段安全风险评估

(1)根据《公路项目安全性评价规范》(JTG B05—2015)和《公路工程技术标准》(JTG B01—2014)的要求,对施工图设计文件中的工程总体、路线、路基、路面、桥梁、隧道及立体交叉6个方面的技术标准的符合性、协调性设计进行风险评估。

惠清项目全线桥隧比例达到了51.5%,且有13处桥隧相接,通过开展施工图设计安全评价,完善施工图设计的安全设施具有非常重要的意义。

(2)根据交通运输部《关于发布高速公路路堑高边坡工程施工安全风险评估指南(试

行)》通知的要求，对惠清高速公路沿线路堑边坡工程施工安全进行总体风险评估工作。

本项目共有 207 处高于 20m 的土质边坡和高于 30m 的岩质边坡，在施工图阶段进行路堑高边坡工程施工安全风险评估并用于指导施工图的修编工作，对于保障高边坡工程的本质安全具有极其重要的意义，也是以技术保安全的重要措施。

4) 落实地质选线，确保工程本质安全

惠清项目桥隧比高，所在区域地质复杂，断裂构造带发育众多，其中清远市石灰岩广泛分布。针对这些不良地质情况，惠清公司高度重视地质选线，从以下 5 个方面采取措施，规避不良地质风险：①在初步设计阶段就引进地质勘察咨询单位，对全线的地质情况进行调查并提交地质咨询报告，对全线的地质选线工作提出意见和建议；②从初步设计阶段开始组织公司的地质专家和地质工程师对全线的隧道和高边坡进行现场调查，实时编制全线的不良地质台账，并与设计院建立反馈机制，将有效意见及时落实到图纸中；③针对突出问题，组织设计院的地质专家或邀请外部专家对问题进行现场办公，联合会审，集思广益，提出解决问题的意见和建议；④针对灰岩地区的桥梁，制定详细、具体的地质勘察方案，严格落实一桩一孔的地质勘察工作，确保每根桩基的地质钻孔资料真实、详细；⑤严格执行公司的图纸内审机制，完成公司内部及上级公司图纸审查及修编后才向集团申请进行施工图评审。

5) 设置施工图纸安全专章

为规范惠清项目施工安全生产标准化，使施工现场安全生产工作更加规范、施工场地更加有序、管理流程更加合理、安全施工更加到位，惠清公司要求各设计单位对项目建设过程中施工安全管控难点在施工图纸中进行标准化设计，明确各种安全防护措施的规格、设置要求和相关工程数量，形成安全专章。惠清高速公路施工图安全专章设计主要内容如附录 A-1 所示。这项工作属于安全生产管理的首创措施，对于安全生产管理的规范化和图表化具有非常重要的意义。

6) 规划涉铁涉路项目安全施工

惠清高速公路与 5 条已运营高速公路互联互通并跨越了两条重要铁路，具体情况见附表 A-6。

惠清高速公路与其他项目交叉情况 附表 A-6

序号	被交路名称	互通名称	互通形式	交叉方式	交叉桩号	交角
1	广河高速公路	打鼓岭枢纽互通	T 型枢纽	主线上跨	K55+348.612	
2	大广高速公路	石岭枢纽互通	对角双环匝道混合式	主线上跨	K99+200	
3	京珠高速公路	升平枢纽互通	混合式	主线下穿	K119+400	
4	京广铁路			主线上跨	K149+948.6	90°
5	广乐高速公路	东城枢纽互通	双环式苜蓿叶形式	主线上跨	K153+531.203	
6	广清高速公路	清新枢纽互通	单环式苜蓿叶形式	主线上跨	K182+788.791	
7	武广高速铁路			主线下穿	K156+936	120°

为保证惠清项目中涉铁涉路项目的安全施工,惠清公司编制了《惠清项目涉铁涉路项目安全施工技术指南》,并作为强制性标准列入了招标文件的附件,要求施工单位严格执行。

7)倡导科技兴安,提升安全生产保障能力

(1)惠清公司积极参与安全课题立项工作,积极申报"大断面隧道施工安全便携式实时预警技术及监管体系研究"及"公路工程'平安驻地'建设标准研究"课题,以科技为先导,指导本项目的安全生产。

(2)通过与集团下属企业利通科技合作,引进铁塔公司和移动运营商,努力推进项目全线在建设期的移动通信信号全覆盖工作,为重要工点实行视频监控打下基础。

(3)结合惠清项目各种工点实际情况,在重要工点设置视频监控工具对施工现场实行全方位、全天候、全过程的监管,预防和减少各类安全事故的发生,达到安全生产立体化、高效化管理的效果。

(4)对全线隧道门禁管理引进信息技术,把具有定位功能的芯片安放到安全帽上,使进入隧道人员的姓名、数量、进出时间、目前所在位置等信息记录到计算机并自动显示在洞口的信息板上,结合视频监控系统,对隧道施工安全管理起到预警、预控、快速应急处理的作用。

(5)在南昆山特长隧道旁边建设安全生产文化体验馆,进行安全生产文化宣传,强化安全发展观念,提升全员安全素质。

4.2.3 合同措施

1)设计招标阶段

在勘察设计招标文件中设置专项条款,要求设计单位投入固定金额的费用投入安全生产,配置专职安全员进行地质详勘工作,建立完善的安全应急管理体系、内业归档制度和现场安全生产检查制度。

发包人或监理人在联合检查、日常巡查等各项检查中对承包人安全设施投入不足或违反安全操作规程的行为,有权要求其进行整改并处罚。

2)施工招标阶段

(1)在招标过程中,完善招标机制。明确投标人必须满足专用条款中规定的安全生产条件,作为以后履约检查的依据。

惠清项目的招标文件安全专项条款拟在路桥范本的基础上修改或增加了以下内容:

①安全费用遵照"按规提取、确保需要、企业统筹、规范使用"的原则进行管理。安全生产费用以总额价形式单列作为固定报价,不作为竞争性报价。施工单位在投标时,应当在保证安全生产费用总额和招标文件一致的前提下,按照招标文件要求对安全生产费用项目清单进行

报价。安全生产费用实行专款专用、专户(科)核算,任何单位或个人不得挤兑或挪用。承包人须按照发包人制定的安全费用的工程量清单、支付方式、使用要求、调整方式等要求执行,具体细则发包人在工程管理过程中给予颁布和完善。工程结算时,安全生产费用未计量部分原则上不再计量支付。

②发包人或监理人在联合检查、日常巡查等各项检查中对承包人安全设施投入不足或违反安全操作规程的行为,有权要求其进行整改并处罚。该项罚金由发包人统筹使用,全部或部分用于奖励安全设施落实到位或安全操作较为规范的承包人。

③承包人应按照施工现场年度计划工作量,每 5000 万施工合同额配备 1 名专职安全管理人员,不足 5000 万的至少配备 1 名,或根据现场工作需要按照业主的要求配备;专职安全员必须具备交通运输部"三类人员 C 证"或注册安全工程师或安全工程师,且有 4 年以上相关工作经验,并有一定比例的路桥专业技术人员,专职负责所有员工的安全和治安保卫工作及预防事故的发生。安全机构人员有权按有关规定发布指令,并采取保护性措施防止事故发生。

④承包人所配备的专职安全管理人员应经甲方考核合格后方可进场,对不合格者甲方有权要求乙方更换,直到考核合格为止。

⑤为有效控制施工全过程中的职业健康、安全生产、生态环境(简称 HSE)等方面风险环节,避免重大的健康、安全与生态环境事故,惠清项目所有参建单位全过程建立以工程为对象的 HSE 一体化管理体系,辨识项目总体风险因素,提出重大风险控制环节,明确本体系的构成要素、管理策略、控制程序、管理文件和落实方式。承包人应紧密结合本标段的工程内容、管理方式,以施工过程的 HSE 风险防控(包括内外部健康风险、安全风险、环境风险)为核心,采取有效措施,全过程文明施工、安全施工、节能降耗、绿色施工,建立 HSE 一体化管理体系,实施与承包人动态衔接的 HSE 管理机制。承包人建立的 HSE 一体化管理体系须通过发包人组织的专家评审后方可运行,如未通过专家评审,发包人有权委托第三方单位编制,编制费用从承包人工程计量款中扣除,具体规定参照发包人制定的 HSE 管理办法执行。

(2)完善招标文件,细化招标文件中的"工程质量、安全及文明施工处罚项目一览表"安全处罚内容。

惠清项目结合项目安全管理风险隐患点,针对省质监站发布的质量安全管理行为检查评分表,省交通集团、省路桥公司发布的安全检查通报及项目日常安全管理中出现的集中、风险较大(如隧道施工、高墩施工、高边坡施工、民爆物品监管、临时用电)等多发安全问题,在招标文件中的"工程质量、安全及文明施工处罚项目一览表"安全处罚内容(详见附录 A-2)中明确处罚金额。

(3)完善监理和施工承包合同中安全生产合同,落实安全生产责任。

①安全生产合同中明确施工单位是安全生产责任主体,主要负责人依法对本单位安全生

产工作全面负责。项目负责人应由取得相应执业资格证书的人员担任,经授权对相应的工程项目施工安全生产负责。从派往项目的项目经理到生产工人(包括临时雇请的农民工)的安全生产责任体系必须做到纵向到底,一环不漏;各职能部门、人员的安全生产责任制做到横向到边,人人有责。

②为确保监理人员的合理待遇,激发监理人员的工作积极性和责任心,要求监理机构必须执行下列发包人规定:

a. 投标人财务建议书报价表中监理人员月工资(含基本工资和绩效考核工资)单价不得低于附表 A-7 中的最低标准,附表 A-7 的最高标准仅作为投标报价参考。

监理人员月工资参考表 附表 A-7

岗 位	月工资(元/月)		备 注
	最低标准	最高标准	
总监	18000	22000	不含工资个人所得税及劳动者五险一金
副总监	15000	18000	
驻地高级监理工程师	10000	12000	
监理工程师	8000	10000	
专业监理工程师、绿化工程负责人	6000	8000	
监理员、安全员、档案及竣工资料负责人	4000	5500	

b. 监理人员月工资由月基本工资和绩效考核工资两部分组成,其中绩效考核工资与监理机构和监理人员考核等级系数挂钩。

月工资 = 月基本工资 + 月绩效考核工资。

月基本工资 = $M \times 80\%$。

月绩效考核工资 = $M \times 20\% \times (k1 + k2)/2$。

M 为投标人财务报价表中月工资单价,$k1$ 为发包人对监理人员绩效考核工资等级系数,$k2$ 为监理单位对监理人员绩效考核工资等级系数。

当月绩效考核工资系数 $k1$、$k2$ 应分别根据建设单位和监理单位的月度考核等级而定,等级共分为 A、B、C、D 四个等级。A、B、C、D 四个等级对应的考核绩效工资系数见附表 A-8。

考核绩效工资系数对照表 附表 A-8

考核等级		考核工资等级系数 k	对应月度考评分	备 注
A	优	1.0	100 ~ 90	
B	良	1.0 ~ 0.8	89 ~ 75	
C	合格	0.8 ~ 0.6	74 ~ 60	
D	不合格	0	59 以下	若当月考评为不合格,当月监理奖励资金不予发放

c. 监理机构监理人员的工资发放由总监办造册、发包人签认并代发代扣(若按营业税改增值税方案下发执行,发包人可根据实际情况调整监理人员工资发放方式)。发包人按监理人员的实发工资代付,社保、公积金、个人所得税等由监理单位缴纳。

(4)按照《公路水运工程安全生产监督管理办法》《企业安全生产费用提取和使用管理办法》(财企〔2012〕16号)、《关于印发广东省公路水运建设工程安全生产费用管理办法的通知》(粤交基〔2015〕500号)和甲方制定的《安全生产经费管理办法》的要求,安全生产费用在工程结算时安全生产费用未计量部分原则上不再计量支付。

招标文件中明确施工单位对安全生产费用进行清单报价(安全生产经费清单化),利于后期安全生产费用计量管理。

在惠清项目先建设的1标中,已经实行了安全生产费用清单管理,部分合同清单见附表A-9。

安全生产经费清单(总表) 附表A-9

清单编号	项目名称	单位	数量	参考单价(元)	金额(元)	备注
102-3-1	完善、改造和维护安全防护设施设备支出					
102-3-1-1	临时用电					
102-3-1-1-1	配电箱	个	40	800	32000	
102-3-1-1-2	开关箱	个	80	300	24000	
102-3-1-1-3	漏电保护器	个	80	200	16000	
102-3-1-1-4	接地电阻测试仪器	个	2	500	1000	
102-3-1-2	临边防护栏杆	延米	6000	90	540000	按周转5次折算
102-3-1-3	安全警示标志	块	180	600	108000	
102-3-1-4	安全宣传栏	个	30	5500	165000	
102-3-1-5	反光膜	m	4000	20	80000	
102-3-1-6	(转梯)钢爬梯	m	10	4500	45000	按周转5次折算
102-3-1-7	密目式安全立网	m²	5000	15	75000	
102-3-1-8	普通落石阻拦网	m²	2000	40	80000	尼龙网

(5)编制安全生产强制性规定(详见附录A-3)作为招标文件的附件,进一步加强项目施工安全生产管理。

(6)由于惠清项目桥隧比高(全线桥隧比51.5%,局部路段桥隧比超过80%)、穿越环境敏感点多,建设过程中可能出现一系列的职业健康、工程安全、环境生态等方面的问题。为有效解决这些问题,惠清项目建立了一套科学实用的健康(Health)、安全(Safety)和环境(Environment)管理体系作为招标文件的附件,协调主体工程建设和安全、环境生态保护措施落实之间的关系,关注现场施工人员的职业健康,健全施工全过程风险控制。目前,国内尚无针对公路项目的HSE管理体系,这一体系的建立将具有重要意义。本项目已将HSE管理强制性规定作为招标文件的附件,将HSE管理体系在本项目的实施进行合同化。

5 项目施工阶段安全生产管理策划

5.1 主要工作内容和目标

监理和施工单位签订合同后,完成交工验收前,业主安全生产管理的主要工作内容和目标为:①监督、落实安全生产责任制,形成全员参与安全生产的责任体系;②组织各参建单位进行工程项目的危险源辨识、风险评估和专项施工方案的编制和实施工作;③以安全生产标准化和创建平安工地为抓手,监督、组织各参建单位对现场安全生产管理进行计划、实施、检查和改进;④监督、组织各参建单位编写和实施安全生产应急预案及应急演练;⑤按照创建"平安工地"的要求,制定安全生产内业管理规则,监督各参建单位落实;⑥通过履约检查和安全生产考核等措施对各参建单位的安全生产管理工作进行考核、奖惩,促进安全生产管理。

5.2 主要措施

5.2.1 组织措施

1)落实安全生产责任制

安全生产责任制是项目安全生产管理体系的灵魂和基础,其主要内容是要求各参建单位成立安全管理机构,明确安全管理责任,设置安全管理部门并针对性制定各项安全管理制度,形成全员参与的安全生产管理大团队。

(1)建设单位安全管理机构配备。

①安全生产委员会。根据省交通集团、省路桥公司等上级部门安全生产规章制度和文件要求,成立惠清项目安全生产工作领导机构——安全生产委员会。

安全生产委员会的组成人员如下:

组　　长:安全生产第一责任人(项目总经理)。

副组长:党支部书记、安全生产直接责任人、公司经营班子其他成员。

成　员：各部门经理。

惠清项目公司总经理为本项目安全生产第一责任人，分管安全生产的副总经理为安全生产直接责任人。

②安全生产监督管理部。根据上级部门安全生产规章制度和文件要求，规定建设单位投资在50亿元以上的独立设置安全生产管理部门，配置不少于三名专职安全员，每增加50亿元增加一名专职安全员，惠清项目估算总投资约215亿元，策划设置独立的安全生产监督管理部，并根据项目重点、难点配置不少于7名专职安全员，其他业务部门均配备一名兼职安全员，负责单位部门安全生产的日常管理工作。

（2）监理单位安全机构及配置。

①监理单位应成立安全生产监督领导小组，在有关职能部门中设置负责安全生产管理的机构。安全生产监督领导小组中必须包含总监、分管安全的副总监、驻地办监理组长、部门负责人、专职安全主任和其他专业监理等，成立机构后经法人单位批准，上报惠清公司备案。

②总监理工程师为其监理项目安全生产的第一责任人，副总监理工程师为其驻地监理项目的安全生产直接责任人。总监办应按合同规定配备专职安全监理工程师，负责所监理项目的安全监管工作。

③总监办配备一名专职安全主任，每个驻地办配备一名专职安全监理人员。

④专职安全监理人员应通过交通运输部或相关主管部门举办的安全教育培训考核，并取得安全资质，持证上岗。其中，安全主任必须获得专职安全员，必须具备交通运输部"三类人员B证"或注册安全工程师或安全工程师，且有4年以上相关工作经验。

⑤专职安全监理人员必须经惠清公司考核后方能正式上岗，上岗后惠清公司将不定期进行考核，考核不合格不得上岗。

（3）施工单位安全管理机构及配置。

①各承包人（或合同段）是所承包合同段施工安全的责任主体，项目经理部必须成立以项目经理为首的安全生产领导小组，领导小组中必须包含分管安全的副经理、部门负责人、专职安全主任和其他相关人员等。安全生产领导小组必须首先经施工单位的上级法人单位主管安全的领导批准，并成立安全生产部，然后报总监办安全管理机构审批，最后再报惠清公司备案。

②施工企业的项目经理是该合同段安全生产的第一责任人，对施工安全管理工作全面负责。分管安全生产的项目副经理与总工程师是安全生产的直接责任人。项目经理部应设置安全生产管理部门，按合同及相关法规的规定配备足够的专职安全管理人员，满足安全生产管理需要，建立健全安全生产保证体系。

③施工项目部按照施工现场年度计划工作量，每5000万施工合同额配备1名专职安全管理人员，不足5000万的至少配备1名专职安全管理人员。专职人员必须具备交通运输部"三

类人员 C 证"或注册安全工程师或安全工程师,且有 4 年以上相关工作经验,并有一定比例的路桥专业技术人员。

④施工项目部主要负责人、项目负责人和专职安全生产管理人员(简称"三类人员"),必须通过交通运输部相关主管部门举办的安全教育培训考核,并取得交通运输部和省交通运输厅核发的安全生产考核合格证书,持证上岗。其中,安全主任必须获得交通运输部"三类人员 C 证"或注册安全工程师或安全工程师,且有 4 年以上相关工作经验。

⑤专职安全生产管理人员必须取得安全员 C 证或安全管理人员证书,经惠清公司考核合格后方能正式上岗,上岗后惠清公司将不定期进行考核,考核不合格不得上岗。

⑥各施工单位安全生产管理人员的任职资格应报备惠清公司批复确认。

2)监督各相关单位安全生产责任落实

全面实行"一岗双责",建立各参建单位的全员安全生产责任制度,明确本单位安全生产主要负责人、分管负责人、技术负责人、其他业务分管负责人及各职能部门、各层面管理人员,技术人员,现场从业人员安全生产职责,做到每一个岗位安全职责明确,并层层签订安全生产目标责任书,岗位人员掌握并自觉履行其岗位安全职责。建立安全管理人员台账,安全管理人员包括本单位分管安全生产的负责人、安全管理部门负责人和专(兼)职安全管理人员。台账应根据人员变动情况及时更新。

5.2.2 技术措施

1)制定危险源辨识、风险评价与控制细则

(1)施工单位在签订合同协议后的 30 天内,应编制完成危险源管理制度,制定危害辨识、风险评价与风险控制程序和详细的实施计划、管理办法、检查制度及控制措施,经承包人项目负责人、技术负责人审核签字后报监理单位审批并报项目业主备案。

(2)施工单位在项目签订合同协议后的 30 天内应组织相关人员对项目进行危险源辨识评价,编制施工安全风险评估报告及危险源清单,随施工组织设计一并上报监理单位审批并报项目业主备案。危险源辨识评价方法可选用 LEC 评价法或其他方法,风险评价内容务必覆盖与施工生产相关的所有要素。报告内容及格式参照交通运输部颁发的《公路桥梁和隧道工程施工安全风险评估指南》。

(3)在分项工程开工前,施工单位应针对具体施工方案组织风险识别会议,对危险源清单进行修改和补充。参加人员包括技术负责人、安全员、施工员、班组负责人或班组兼职安全员,并在开工前至少 30 天,向监理提交评价报告。

2)落实建设单位总体安全风险评估

按照交通运输部《关于开展公路桥梁和隧道工程施工安全风险评估试行工作的通知》(交

质监发〔2011〕217号)和《关于发布高速公路路堑高边坡工程施工安全风险评估指南(试行)的通知》(交安监发〔2014〕266号)的要求,全线开展总体风险评估,全面实施施工阶段桥梁、隧道工程及路堑高边坡工程安全风险评估工作,辨识主要施工风险,建立重大风险源清单,并制定预防措施。根据风险评估结果,施工单位完善施工组织设计和危险性较大工程专项施工方案,编制相应的专项应急预案。

3)监督施工单位开展专项安全风险评估

按照交通运输部《关于开展公路桥梁和隧道工程施工安全风险评估试行工作的通知》(交质监发〔2011〕217号)和《关于发布高速公路路堑高边坡工程施工安全风险评估指南(试行)的通知》(交安监发〔2014〕266号)的要求,施工单位在建设单位组织的总体风险评估基础上,将风险等级达到高度风险(Ⅲ级)及以上的桥梁、隧道和路堑高边坡作为评估单元,进行专项安全风险评估。

对于安全风险评估,各参建单位的职责如下:

(1)建设单位工作要求。

①对总体风险评估达到Ⅲ级(高度风险)及以上的桥梁、隧道和路堑高边坡工程进行审查,督导施工单位进行施工阶段风险评估。

②对专项风险等级在Ⅳ(极高度风险)及以上的施工作业活动,组织专家或安全评价机构进行论证或复评估,提出降低风险的措施建议。

③当风险等级无法降低时,应及时调整设计和施工方案,并向公路工程安全生产监督管理部门备案。

(2)监理单位工作要求。

①在审查工程施工组织设计文件、危险性较大工程专项施工方案、应急预案时,应同时审查桥梁和隧道工程的总体风险评估报告和施工安全风险评估报告。无风险评估报告的,不得签发开工令。

②开工后,应监督施工单位风险管理和风险控制措施的落实情况,并予以记录。发现存在隐患的,应及时指出并督促整改;存在重大隐患,拒不整改或者不停止作业的,监理单位应当及时向业主和公路工程安全生产监督管理部门报告。

③对总体风险评估达到Ⅲ级(高度风险)及以上的桥梁、隧道和路堑高边坡工程应向业主报审。

(3)施工单位工作要求。

①制定《桥梁、隧道和路堑高边坡安全风险评估制度》,成立桥梁、隧道和路堑高边坡风险评估小组,评估工作负责人应当具有5年以上的工程管理经验,并有参与类似工程施工的经历。

②应在进场后,着手开展桥梁、隧道和路堑高边坡风险评估工作,根据评估结果,完善施工组织设计和危险性较大工程专项施工方案,编制相应的专项应急预案,并将施工组织设计文件、危险性较大工程专项施工方案、应急预案和风险评估报告一同提交监理单位审批。

③在施工过程中,还应根据评估结果,对项目施工过程实施预警预控,做好风险管理工作。

④对总体风险评估达到Ⅲ级(高度风险)及以上的桥梁、隧道和路堑高边坡工程,经业主、监理审查确认后,还需进行施工专项风险评估。

⑤对专项风险等级在Ⅲ级(高度风险)及以上的施工作业活动,应注意重大危险源的监控与防治措施,应急预案经施工单位的技术负责人和总监理工程师审批后,由业主组织论证或复评估后实施;建立重大风险源的监测及验收、日常巡查、定期报告等制度,并组织实施;施工单位的技术负责人在工程施工前应对施工技术人员、施工人员等进行安全技术教育及交底;施工现场应设置相应的危险告知牌。

⑥适时组织对重大风险源的应急救援演练。

⑦当专项风险等级在Ⅳ级(极高度风险)及以上且无法降低时,必须提高现场防护标准,落实应急处置措施,视情况开展第三方施工监测;未采取有效措施的,不得施工。

4)监督施工单位编制与实施专项施工方案

要求施工单位按照《公路工程施工安全技术规范》(JTG F90—2015)附表 A 所列的危险性较大工程,编制专项施工方案,并附安全验算结果,由施工单位技术负责人签认并加盖法人单位公章,报监理单位驻地监理、高级监理和总监审批并报项目业主备案。需编制专项施工方案的危险性较大工程如附录 A-4 所示。

5.2.3 管理措施

1)监督各参建单位建立和识别法律法规与安全生产规章制度

(1)法律法规。

①各参建单位应建立识别和获取适用的安全生产法律法规、标准规范的途径。

②各参建单位职能部门应及时识别和获取本部门适用的安全生产法律法规、标准规范,建立适用的安全生产法律法规清单,并跟踪、掌握有关法律法规、标准规范的修订情况,及时提供给负责识别和获取适用的安全生产法律法规的主管部门汇总。

(2)安全生产规章制度。

按照《广东省交通集团高速公路建设工程安全生产标准化管理手册》的要求,监理和施工单位应建立安全生产规章制度(附表 A-10、附表 A-11)。

监理单位安全生产制度清单

附表 A-10

序 号	制 度 名 称
1	安全生产管理办法
2	安全生产培训教育制度
3	安全生产费用投入、使用及监督管理办法
4	安全监理责任制度
5	安全生产专项费用审批制度
6	安全生产会议制度
7	安全隐患排查和治理办法
8	安全生产事故及应急管理办法
9	安全生产档案标准化管理办法
10	安全生产监督检查管理办法
11	安全生产责任事故追究管理制度
12	风险评估及重大危险源管理办法
13	"平安工地"建设管理制度
14	安全生产责任制考核奖惩管理办法
15	安全生产技术交底管理制度

施工单位安全生产制度清单

附表 A-11

序 号	制 度 名 称
1	全员安全生产责任制度
2	安全生产管理办法
3	劳动用工管理和安全生产教育培训制度
4	安全生产费用管理制度
5	职业健康管理制度
6	劳动保障、防护用品配备、使用管理制度
7	安全生产工作例会制度
8	生产事故隐患排查和治理办法
9	生产事故报告和调查处理办法
10	安全生产档案标准化管理办法
11	安全生产现场检查管理办法
12	安全生产责任事故报告、应急救援和处理制度
13	危险源辨识、风险评价与控制制度
14	消防管理制度
15	安全生产考核奖惩与责任追究管理办法

续上表

序 号	制 度 名 称
16	安全生产技术交底管理制度
17	生产设施设备检修、维护保养管理制度
18	施工从业人员安全生产管理制度
19	特种操作人员管理制度
20	各类安全生产现场应急处置方案或措施
21	"平安工地"建设管理制度
22	其他保障安全生产的规章制度

2)开展安全培训教育与宣传

(1)安全培训教育。

①建设单位及监理、施工单位须对下列人员进行安全生产培训教育：

a. 安全生产主要负责人。

(a)安全生产主要负责人应按照国家有关规定,参加安全生产监督管理部门或相关部门组织的安全生产培训教育,经考核合格后持证上岗。其中,建设单位、监理单位主要负责人应持有广东省生产经营单位主要负责人安全资格证书；二级施工单位、项目施工单位主要负责人应持有公路水运施工企业安全生产考核合格证书(A/B)或建筑施工企业安全生产考核合格证书(A/B)。

(b)主要负责人应按规定每年参加安全生产继续教育,确保资格证书有效。主要负责人的安全资格证书和继续教育应建立台账。

b. 安全生产管理人员。

安全生产管理人员应持有安全生产管理人员资格证书或注册安全工程师执业资格证书。

②操作岗位人员培训教育。

项目施工单位须对以下人员进行岗位安全培训。

a. 新员工。

(a)单位所有新员工,在上岗前必须经过公司(分公司)、项目施工单位、班组三级安全培训教育,保证其具备本岗位安全操作、应急处置等知识和技能。未经安全培训或培训考试不合格的人员,不得上岗作业。岗前三级安全培训时间一共不得少于24学时,每一级培训时间可根据单位实际情况安排分配。

(b)员工的岗前三级安全培训,应当以自主培训为主,采取脱产集中的方式进行,培训应结合本行业特点编制培训大纲和教材。三级培训包括但不限于以下内容：①一级岗前安全培训包括但不限于以下内容：本单位安全生产情况及安全生产基本知识；本单位安全生产规章制度和劳动纪律;从业人员安全生产权利和义务;有关事故案例等。②二级岗前安全培训包括但不限于以下内容:工作环境及危险因素;所从事工种可能遭受的职业伤害和伤亡事故;所从事工种的安全职责、操作技能及强制性标准;自救互救、急救方法、疏散和现场紧急情况的处理;安全设备设施、个人防护用品的使用和维护;本车间(工段、区、队)安全生产状况及规章制度;预防事故和职业危害的措施及应注意的安全事项;有关事故案例;其他需要培训的内容。③三级岗前安全培训包括但不限于以下内容:岗位安全操作规程;岗位之间工作衔接配合的安全与职业卫生事项;有关事故案例;其他需要培训的内容。

b.转岗、离岗后重新上岗人员。转岗或离岗一年以上重新上岗的员工要进行项目部门(工段、工区、中队)、班组安全教育后才能上岗。

c.新工艺、新技术、新材料、新设备设施使用操作前,应对使用人员进行专门培训教育。

d.特种作业人员必须按照国家有关法律、法规的规定接受专门的安全培训教育,经考核合格,取得特种作业操作资格证书后,方可上岗作业,并定期参加复审。

③其他人员培训教育。

建设单位及监理、施工单位须对以下人员进行安全教育:

a.相关方作业人员进入作业现场前的安全教育。

b.外来参观学习人员危害教育和告知。作业现场安全管理人员应对外来参观学习人员进行安全规定、可能接触到的危害及应急知识的教育和告知。

④教育培训管理。

a.各单位每年年初要制订安全教育培训计划,并组织实施。

b.除法定持证上岗考试外,上述各类教育培训需要依据"培训教育→考试(考核)→合格上岗"程序,完善培训教育机制,并留有记录。

c.各单位应为所有受培训教育的人员建立健全的安全生产培训教育档案。

(2)安全宣传。

①各参建单位要结合创建"平安工地""零事故班组"和"安全生产月"等主题,充分利用内部刊物、宣传栏、专项活动等方式开展安全宣传。

②各参建单位应通过创建安全文化建设活动,端正全体从业人员的安全生产态度和安全行为,逐步形成全体员工所认同、共同遵守、带有本单位特点的安全价值观,实现安全自我约束,保障安全生产水平持续提高。

③各参建单位应加强安全宣传,禁止与项目建设无关人员进入施工现场。

3)组织安全生产会议

(1)组织形式。

①月度安全生产工作例会。

月度安全生产工作例会是指在项目月度安全生产检查之后,由监理办组织,所辖全体项目参建单位参与的安全业务工作会议。

会议由监理办安全生产第一责任人或直接责任人主持,其他项目参建单位参会人员包括:安全生产第一责任人或直接责任人、安全管理人员等。

②安全生产工作季度大会每季度召开一次,由惠清公司安全生产第一责任人或直接责任人主持召开,安全生产领导小组和公司中层以上干部参加。会议主要总结本季度安全生产工作情况,传达和学习有关文件精神,部署下季度安全生产工作计划等,并在当年第一季度的安全生产工作季度大会上签署安全生产责任书。

③年度安全生产总结大会是指在项目年度安全生产检查、考核、评比之后,由业主组织,全体项目参建单位参与的安全业务工作会议。

会议由由业主单位安全生产第一责任人主持,其他项目参建单位参会人员包括:安全生产第一责任人、直接责任人、安全生产部负责人、专职安全员等。

④安全生产工作专题会议根据公司安全生产工作需要,由安全生产工作小组组长或副组长主持召开。各职能部门可依据"一岗双责"制度的职责范围,根据安全生产工作需要申请召开安全生产工作专题会议,与会人员为待解决的安全生产工作的相关责任人。会议主要针对公司安全生产工作中出现的具体问题进行专题解决,并部署安全工作要求等。

⑤召开安全生产工作季度大会的当月不召开安全生产工作月度例会,召开安全生产工作年度总结会的当月和当季度不召开安全生产工作月度例会和季度大会。

(2)会议要求。

①被通知需要参加会议的人员都应按时参会,不得迟到或早退。确实因故不能参加的,要在开会之前和主持人说明情况,并得到允许,在会后要对会议精神进行学习,对未经允许擅自不参加或迟到、早退的人员,按照《广东惠清高速公路有限公司安全生产责任制考核办法》对其进行处理。

②安全生产工作月度例会、季度大会、年度总结会需形成会议纪要并发文,会议纪要按公司发文要求办理,并附会议签到表。安全生产工作专题会需形成会议记录表。

4)开展特种设备的安全管理

(1)基本要求。

①施工单位应依法依规建立健全的特种设备管理制度,并责任落实到人。

②特种设备使用单位应依照《中华人民共和国特种设备安全法》和《广东省特种设备安全条例》的有关规定到政府相关部门进行检测、检验、安装、改造、维修、登记备案等。登记标志应当置于或者附着于该特种设备的显著位置。

③特种设备使用单位应当遵守安全技术操作规程和作业规程,并严格按照规程使用。

④依据《广东省公路工程平安工地建设考核评分标准》的相关要求,特种设备使用单位应当建立特种设备安全技术档案。安全技术档案应当包括以下内容:

a. 特种设备的设计文件、制造单位、产品质量合格证明、使用维护说明等文件,以及安装技术文件和资料。

b. 特种设备的定期检验和定期自行检查的记录。

c. 特种设备的日常使用状况记录。

d. 特种设备及其安全附件、安全保护装置、测量调控装置及有关附属仪器仪表的日常维护保养记录。

e. 特种设备运行故障和事故记录。

f. 高耗能特种设备的能效测试报告、能耗状况记录,以及节能改造技术资料。

⑤特种设备使用单位应当对在用特种设备进行日常维护保养,定期检查,并作出记录。

⑥特种设备使用单位应当制定特种设备应急预案及事故应急专项预案,并定期进行事故应急演练。

(2)监督管理。

①业主和监理单位主要依据《广东省公路工程平安工地建设考核评分标准》和《广东省交通集团高速公路建设工程安全生产标准化管理手册》的相关要求对特种设备进行监督检查。在检查中发现特种设备存在事故隐患、不符合能效指标的,应当以书面形式发出整改通知单,并责令有关单位及时采取措施,予以改正或者消除事故隐患。紧急情况下需要采取紧急处置措施的,应当随后补发书面通知。

②监理单位应严格按照国家有关规定对实施许可、核准、登记的特种设备及其安全技术操作规程和作业规程进行审查。

③特种设备使用单位应当接受政府主管部门对特种设备的监督检查。

5)进行安全生产监督检查及纠正预防

(1)安全生产检查基本内容。

①贯彻落实国家和广东省安全生产法律、法规、方针政策,以及各项安全生产规程、规范、标准和会议及文件的要求。

②《交通运输部关于印发交通运输系统"平安交通"创建活动实施方案的通知》《广东省交通集团公路工程平安工地建设活动实施方案》和《广东省高速公路建设标准化管理规定(试行)》的执行情况。

③安全生产责任体系的运行情况。

④安全生产管理制度体系的建设与落实情况。

⑤安全生产管理组织体系的建设与运行情况。

⑥安全生产培训与教育体系的运行情况。

⑦安全生产管理保障体系的运行情况,包括:

a.安全经费投入和使用情况。

b.安全生产及作业过程控制,生产经营场所设备、设施、作业人员行为、安全生产技术措施和方案的制定是否符合有关安全生产法律、法规的规定和国家标准或者行业标准的情况。

c.重大事故隐患排查、整改、治理、消除和销号落实情况。

d.各级安全生产管理活动情况。

e.安全生产管理档案情况。

f.安全生产应急管理情况。

⑧安全生产风险控制体系运行情况,包括:

a.重大危险源的管理情况。

b.预防职业危害的制度、设备和设施的完善及其落实情况。

c.从业人员配备符合国家标准或者行业标准的劳动和职业病防护用品的落实情况。

(2)检查组织形式和频率。

①业主单位。

a.日常巡查。业主代表对其管辖的参建单位进行日常巡查,包括对节日前的检查。归口管理部门为业主单位管理处工程部。

b.周巡查。专职安全员对各参建单位进行周巡查,每周巡查一遍。归口管理部门为业主单位管理处安全生产部。

c.月度综合检查。业主单位对监理单位进行安全生产检查,业主单位组织监理单位对施工单位和其他参建单位进行安全生产检查,原则上每月25日前进行。归口管理部门为业主单位安全生产部。

d.季度综合检查和年度考核。业主单位组织对各参建单位进行季度综合检查与年度考核。归口管理部门为业主单位安全生产部。

e.危险性较大工程和特种设备的专项检查。根据项目建设实际需要,业主单位组织监理单位对危险性较大的工程和特种设备进行专项检查。归口管理部门为业主安全生产部。

f.重要节假日、特定季节的专项检查。根据项目建设实际需要,业主单位组织监理单位对重要节假日、特定季节进行专项检查。归口管理部门为业主单位安全生产部。

②监理单位。

a.监理单位每月对施工单位进行两次综合或专项检查。

b.总监办安全主任每两天进行一次安全巡查。驻地办每天进行安全巡查。

c. 各专业监理工程师应进行监理旁站和不定时巡查。

③施工单位。

a. 施工单位对现场安全生产活动要定期、不定期自查。

b. 施工单位每月组织安全生产检查不得少于2次。

c. 施工单位安全生产管理部门每周组织安全生产专项检查不得少于1次。

d. 施工单位专职安全管理人员必须每天进行安全巡查。

e. 分部、分项工程开工或复工前,现场施工人员和班组长必须进行专项安全检查。

f. 施工单位的每一道工序完成后,现场施工人员和班组长必须进行工序安全自检,自检合格后报监理工程师检查合格后,方可转入下一道工序。

(3)检查要求。

①安全生产检查应实事求是、注重实效,着重发现和督促解决安全生产工作中存在的问题、薄弱环节和安全隐患。

②安全生产检查人员要认真学习党和国家对安全生产方面的方针、政策,全面掌握相关法律、法规、规程、规范、标准及要求,不断提高自身的专业知识水平。

③各类检查之前,检查单位应制定好检查方案、检查要求和检查记录表。

④安全生产检查负责人应在检查前组织检查人员学习掌握安全生产检查的方案,了解检查的目的、方法和内容。

⑤安全生产检查人员应在检查过程中对受检单位安全生产情况及存在问题进行书面记录,检查人员对检查记录及结论署名并负责。

a. 业主单位代表日常巡查发现问题时,应根据实际需要填写安全隐患整改通知单。

b. 业主单位专职安全员周巡查应填写安全检查记录表。

c. 业主单位月度、季度综合检查应填写安全生产综合检查表。

d. 业主单位专项检查应填写各类专项检查表。

e. 监理单位、施工单位的各类检查均应形成规范的记录表。

f. 监理单位总监、安全副总监、安全主任、专职安全监理人员,施工单位安全副经理、安全主任、专职安全员应填写安全日志,施工单位施工人员应按要求填写施工记录表中有关安全的内容。

⑥安全生产检查资料应建立台账,由专人整理、归档。安全生产检查资料包括检查计划、检查记录、检查整改意见及整改验收资料、检测数据和必要的声像资料等。

⑦检查人员应坚持原则、认真负责,严格执行相关规章制度。保守受检单位技术和商业秘密,不得影响受检单位的正常生产经营活动。

⑧各受检单位对安全生产检查工作应当予以配合,不得拒绝、阻挠、弄虚作假。

(4)安全生产纠正预防。

①安全检查中发现违章行为应立即纠正,对一般问题和隐患应立即整改,并形成书面记录。

对不能立即整改的安全隐患,向受检单位发出安全隐患整改通知单,明确整改内容、整改要求、整改期限、整改责任人和验收人员。

对存在重大安全隐患或严重失职行为,以及随时可能导致人员伤亡事故发生的情形,可以责成受检单位立即停止生产,组织生产人员撤离现场,向受检单位发出安全隐患整改通知单。对重大安全隐患实行挂牌整治。

②受检单位必须按照要求进行整改,并在规定时间内将整改情况报送检查单位,由检查单位或其委托的单位对整改结果进行验收。

③受检单位对安全检查发现的问题整改不力或逾期不改的,业主单位进行通报批评和双倍处罚,并对相关责任人进行问责。如有必要,业主单位可代为整改,整改相关费用由受检单位承担。

④业主单位安全生产检查工作接受上级主管部门和行业主管部门的检查考核,业主单位对各参建单位的安全生产检查工作进行监督,各参建单位安全生产检查工作情况纳入业主单位对各参建单位的月度综合检查和年度安全生产考核。检查和考核的主要内容为:

a. 安全生产检查的频率是否达到国家规定和安全生产管理策划的要求。

b. 安全生产检查实施过程是否符合安全生产管理策划的要求。

c. 安全生产检查发现隐患是否按要求整改落实。

d. 是否对安全检查的效果进行评估并提出改进的措施。

6)开展安全生产应急管理

(1)安全应急组织体系。

项目应急组织机构由项目建设单位牵头,施工、监理等单位参加,负责事故现场的先期应急处置,配合本地应急组织机构进行现场救援、事故调查,开展应急总结评估及组织恢复重建等工作。

公司安全生产事故应急组织体系由应急处理指挥部、应急处理指挥部办公室、应急专家等组成。组织体系结构图如附图A-1所示。

当启动项目安全生产综合应急预案后,各单位相应的应急机构进入协同工作状态,各参建单位应急机构履行各自的职责,但应服从业主单位应急机构的统一指挥、协调。

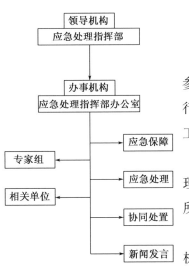

附图 A-1　组织体系结构图

①公司应急指挥部综合协调各参建单位的应急机构。

②公司现场应急处理组综合协调各参建单位的现场应急处理组,组长为联系人。

③公司各应急小组综合协调各参建单位的应急小组,组长为联系人。

④公司调动应急处理小组投入现场应急救援。

(2)安全应急预案。

①安全应急预案的编制。

针对各参建单位各级各类可能发生的事故和危险源制订专项应急预案和现场应急处置方案,并明确事前、事中、事后的各个过程中相关部门和有关人员的职责。对于重特大事故建立全项目范围的综合应急预案,各专项预案服从综合应急预案。

a. 综合应急预案。

综合应急预案是从总体上阐述事故的应急方针、政策,应急组织结构及相关应急职责,应急行动、措施和保障等基本要求和程序,是应对各类事故的综合性文件。

b. 专项应急预案。

专项应急预案是针对具体的事故类别(如煤矿瓦斯爆炸、危险化学品泄漏等事故)、危险源和应急保障而制订的计划或方案(由施工单位制定),是综合应急预案的组成部分,应按照综合应急预案的程序和要求组织制定,并作为综合应急预案的附件。专项应急预案应制定明确的救援程序和具体的应急救援措施。

c. 现场处置方案。

现场处置方案(由施工单位制定)是针对具体的装置、场所或设施、岗位所制定的应急处置措施。现场处置方案应具体、简单、针对性强。现场处置方案应根据风险评估及危险性控制措施逐一编制,做到事故相关人员应知应会,熟练掌握,并通过应急演练,做到迅速反应、正确处置。

具体应急预案体系见附表 A-12。

各参建单位建立应急预案(包含但不限于以下列表内容) 附表 A-12

类别	名 称	适 用 单 位
综合应急预案	生产安全事故综合应急预案	1. 业主单位编制适用整个项目建设的综合应急预案; 2. 监理、施工单位编制适用本合同段的综合应急预案
专项应急预案	桥梁和隧道专项应急预案	设计单位依据《公路桥梁和隧道设计安全风险评估指南(试行)》要求编制专项应急预案
	高边坡施工专项应急预案	路基施工单位

续上表

类别	名　称	适　用　单　位
专项应急预案	桥梁施工专项应急预案	路基施工单位
	隧道施工专项应急预案	路基施工单位
	跨线施工专项应急预案	所有施工单位
	预制厂、拌和站专项应急预案	路基、路面施工单位
	路面施工专项应急预案	路面施工单位
	自然灾害专项应急预案	所有施工单位
现场处置方案	架桥机作业现场处置方案	路基施工单位
	地下管线挖断事故现场处置方案	所有施工单位
	高处坠落事故现场处置方案	所有施工单位
	坍塌、倒塌事故现场处置方案	所有施工单位
	机械伤害事故现场处置方案	所有施工单位
	起重伤害事故现场处置方案	所有施工单位
	物体打击事故现场处置方案	所有施工单位
	触电事故现场处置方案	所有施工单位
	窒息事故现场处置方案	所有施工单位
	爆炸事故现场处置方案	路基、路面施工单位
	火灾事故现场处置方案	所有施工单位
	雷击事故现场处置方案	所有施工单位
	台风雨季现场处置方案	所有施工单位
	洪水灾害现场处置方案	所有施工单位
	冰雪灾害现场处置方案	所有施工单位
	交通事故现场处置方案	所有施工单位
	环境污染现场处置方案	所有施工单位
	食物中毒事故现场处置方案	所有施工单位
	挂篮施工事故现场处置方案	路基施工单位
	高温中暑现场处置方案	所有施工单位
	……	……

②应急预案的评审、审查和备案。

a.施工单位应当组织专家对本单位编制的《__合同段综合应急预案》《__合同段专项应急预案》《__合同段现场处置方案》进行评审。评审应当形成书面纪要并附有专家名单。其他参建单位应当对本单位编制的应急预案进行论证。

b.施工单位编制的应急预案经评审后,报监理单位审查,并报业主单位备案。

c.各参建单位的应急预案经评审或者论证后,由参建单位主要负责人签署公布。

d.依据法律法规,本项目涉及实行安全生产许可的参建单位,其综合应急预案和专项应急预案,应按照隶属关系报所在地县级以上地方人民政府应急管理部门和有关主管部门备案。

③应急预案的实施。

a.各参建单位应当采取多种形式开展应急预案的宣传、教育和培训,普及生产安全事故预防、避险、自救和互救知识,提高从业人员安全意识和应急处置技能,使有关人员了解应急预案内容,熟悉应急职责、应急程序和岗位应急处置方案。应急预案的要点和程序应当张贴在应急地点和应急指挥场所,并设有明显的标志。

b.各参建单位应当制订本单位的应急预案演练计划,根据本单位的事故预防重点,每年至少组织一次综合应急预案演练或者专项应急预案演练,每半年至少组织一次现场处置方案演练。

c.应急预案演练结束后,应急预案演练组织单位应当对应急预案演练效果进行评估,编写应急预案演练评估报告,分析存在的问题,并对应急预案提出修订意见。各参建单位依据《安全生产事故应急预案管理办法》的要求,及时修订相关预案。

d.各参建单位应当按照应急预案的要求配备相应的应急物资及装备,建立使用状况档案,定期检测和维护,使其处于良好状态。

e.各参建单位发生事故后,应当及时启动应急预案,组织有关力量进行救援,并按照规定将事故信息及应急预案启动情况报告应急管理部门和其他负有安全生产监督管理职责的部门。

(3)安全应急演练。

建设单位及监理、施工单位应根据事故预防重点,每年至少组织一次综合应急预案演练或者专项应急预案演练;项目建设及监理、施工单位每半年至少组织一次现场处置方案演练。应急预案演练结束后,应当对演练效果进行评估与总结,编写应急预案演练评估总结报告,分析存在的问题,并对应急预案提出修订意见,持续改进。

7)加强安全生产文件资料管理

(1)资料清单化。

参照省质监站对安全生产资料档案管理的有关建议,依据《惠清项目安全生产标准化管理手册》的有关规定,结合《公路水运工程"平安工程"考核评价标准(试行)》及《公路水运工程施工安全标准化指南》的要求,编制惠清项目的安全生产档案清单,并发文给各参建单位,明确惠清项目的安全生产档案基本要求和归档具体要求,并持续跟踪执行、检查和整改。

(2)信息化系统建设与完善。

根据省路桥公司管理制度的规定,启用建设项目安全标准化管理软件,完善安全检查等信息的录入,加强和完善安全信息化系统的建设。

5.2.4 经济措施

1)进行人员与设备履约检查及奖惩

根据招标文件的要求,对监理和施工单位的人员和设备进行履约检查,严格把关,对于未通过考核,不满足招标要求的人员和设备坚决予以清退。

2)严格管理安全生产费用

根据《广东省交通集团高速公路建设工程安全生产标准化管理手册》的具体要求,各参建单位应分别制定本单位的安全生产费用管理办法,明确本单位的安全生产费用提取、支付、使用和台账的要求。

3)开展安全生产考核

(1)考核组织形式。

①结合安全生产检查,业主单位组织监理单位对施工单位的安全生产工作进行考核,业主单位对监理单位的安全生产工作进行考核。

②安全生产考核分为季度考核和年度考核,安全生产考核总分由日常检查扣分、月度检查评分、季度(年度)考核评分组成。

a. 日常检查扣分是指检查单位在日常检查中,发现受检单位存在安全隐患,依据安全生产处罚细则的规定,向受检单位发出安全隐患整改通知单,明确扣分情况,以及业主或上级主管单位对其他参建单位进行有关安全的通报批评(业主单位通报批评每次扣2分,上级主管单位通报批评每次扣3分),扣分直接计入考核总分。

b. 月度检查评分是指依据《项目建设安全生产检查管理办法》开展的月度检查评分。季度(年度)考核期内的月度(除考核当月)检查评分用算术平均值,按40%计入考核总分。

c. 季度(年度)考核评分是指考核当月的月度检查评分,按60%计入考核总分。

(2)考核等级。

①考核等级分为优秀、合格、不合格三个等级;90分以上为优秀,80分以上到90分为合格,80分以下为不合格。本条所称"以上"包括本数,所称"以下"不包括本数。

②年度考核分数第一名的单位为年度安全生产先进单位。

(3) 奖励和惩处。

①发生安全生产责任事故的单位,按一票否决制,取消该单位参与安全评先、"优质优价""优监优酬"和工程进度评比等资格。

②对考核结果为不合格的单位在本项目内通报批评,连续两个季度考核为不合格单位通报其法人单位。

③年度考核被评为安全生产先进的单位,业主单位给予通报表扬,以及适当经济奖励。

④安全生产考核得分按5分制折算计入"优质优价""优监优酬"和工程进度总评分中。

⑤日常检查中发现的安全隐患,依据安全生产处罚细则处理。

6 项目缺陷责任期安全生产管理策划

6.1 工程建设缺陷责任期的主体责任划分

项目交工验收后至竣工验收前为缺陷责任期,缺陷责任期的安全生产工作责任主体划分如下:

(1) 缺陷责任期内出现工程质量缺陷,施工单位是主体责任,建设单位、监理单位承担监管责任;

(2) 缺陷责任期内非工程质量引起的其他工程缺陷,运营单位是主体责任。

6.2 工程建设缺陷责任期内各方安全管理职责

6.2.1 建设单位安全管理职责

(1) 主导项目质量缺陷责任期内路基、路面、交通安全、机电、绿化等维修、维护安全管理工作,督促各参建单位做好施工现场安全和交通安全管理工作。

(2) 落实质量缺陷责任期内重大安全隐患处置工作,必要时组织专项施工方案评估与专项安全风险评估。

(3) 制定和完善施工检查及处罚等相关安全管理办法,监督各单位落实。

(4) 组织召开维修施工和交通安全协调会议,讨论处理相关施工安全及交通疏导问题。

(5) 组织核实各单位上路施工车辆情况,并制订管理办法,规范施工车辆的管理,提交运营单位审核办理施工许可。

6.2.2 运营单位安全管理职责

(1) 主导运营项目安全管理与保畅通工作,负责项目交工验收资料移交与通车前道路安全评价,协调建设单位完善通车前道路交通安全设施。

(2)制定和完善养护施工、路政巡查、机电维护安全检查及处罚等相关安全管理办法,监督各部门落实。

(3)组织召开日常维修养护和交通安全协调会议,讨论处理相关养护、应急抢险及交通疏导问题。

(4)制订突发事件安全专项应急预案与现场处置方案,并定期进行演练。

(5)负责道路运营安全管理,缺陷责任期内发现工程质量缺陷存在安全隐患时,及时告知建设单位落实隐患处置程序并协助建设单位落实施工现场交通安全管制工作。

(6)审核施工单位专项施工方案与交通组织方案,并办理路政施工许可。

6.2.3 监理单位安全管理职责

(1)组织审批施工单位上报的交通组织方案及施工方案。

(2)参与质量缺陷责任期内维修和交通安全协调工作,履行维修施工安全监管职责。

(3)定期检查和巡查维修与交通安全现场管理情况,及时指令整改,消除安全隐患。

(4)加强安全教育培训,组织并督促各施工人员学习道路养护安全和交通安全的相关要求。

(5)督促施工单位按要求投入维修安全生产费用,配备安全防护设施及个人防护用品,并配备相关安全维护和指挥人员。

(6)组织召开或参与维修和交通安全协调会议,处理问题并提出后续施工工作要求。

6.2.4 施工单位安全管理职责(含养护单位)

(1)编制缺陷责任期内道路维修方案与交通组织方案并报监理单位审批。

(2)负责收集道路维修和交通组织管理过程中的即时信息,及时做好动态调整,必要时提交建设、运营与监理单位协调解决。

(3)配备交通指挥人员,落实排班制度,在维修过程中的交通封闭施工地点安排专人负责疏导与指挥交通。

(4)配备专职安全员与巡查车辆,落实道路维修及交通安全巡查制度。

(5)对巡查发现涉及本标段安全主体责任的施工和交通安全问题应及时落实整改。对巡查中发现其他标段安全主体责任的,及时报监理和建设单位,发现的问题及时形成管理闭环。

(6)加强安全教育培训,及时组织技术管理、施工和驾驶人员学习道路养护相关规范和交通安全的相关要求,做好安全技术交底工作。

(7)按规定投入道路维修安全生产费用,配备施工安全防护设施及个人防护用品。

6.3 风险控制措施

6.3.1 建设单位工程质量缺陷风险控制措施

(1) 建设单位应依据双方合同中缺陷责任期内相关条款,明确现场处置方案、现场施工安全要求、施工单位及相关费用等。

(2) 建设单位应协助施工单位办理施工许可证。

(3) 建设单位、监理单位、运营单位共同对施工单位进行现场监督管理。

(4) 监理单位应对缺陷工程进行完工验收。

6.3.2 运营单位非工程质量缺陷风险控制措施

运营单位相关部门应对责任缺陷期内的相关工程缺陷依据运营单位职责范围对缺陷责任期风险进行风险辨识与控制。

6.4 缺陷责任期安全生产主要工作内容

6.4.1 建设单位质量缺陷期安全生产工作主要内容

(1) 对重大安全隐患工程进行安全评估,对工程中存在的危险因素进行辨识与分析,判断缺陷工程发生事故可能导致的危险、危害后果和严重程度,提出合理可行的安全对策防范措施,为制订整改方案提供科学依据。

(2) 根据安全性评价结论和提出的安全对策措施,及时组织制订有效的缺陷工程处置方案。

(3) 监督监理审查缺陷工程施工单位制订交通组织方案的合理性,协助审查施工单位申报办理的施工许可材料。

(4) 进行隐患处置现场的安全管理。

(5) 聘请第三方监测单位对公司管辖范围的高边坡、桥隧结构物、水土保持等进行监测,并提出完善建议,为病害处理提供依据。

(6) 针对工程缺陷或排水系统因水毁造成损坏,排水功能缺失的情况,及时制订整治方案,完善排水系统。

6.4.2 运营单位安全生产主要工作内容

1) 项目运营前期准备工作内容

(1) 建立安全生产管理体系与安全责任制,成立安全生产组织机构并配备安全管理人员。

(2)建立安全生产管理制度。

(3)开展危险源辨识、分析与评价。

(4)开展新员工、转岗人员的岗前三级安全教育。

(5)配备、检查收费站场安全设施。

(6)配备、检查隧道安全设施。

(7)配备路政巡查装备。

(8)配备、检查办公生活区安全设施。

(9)配备个人劳动保护用品。

(10)编制安全生产应急预案并组织应急演练。

(11)检查相邻高速公路接口位置安全设施是否更新,必要时进行安全评价。

(12)建立相邻高速公路运营单位的工作对接与协调机制,建立路政与交警的联动工作机制。

2)项目运营后安全生产主要工作内容

(1)针对缺陷责任期内质量缺陷工程,运营单位安全生产主要工作如下:

①制订突发事件的安全应急预案和现场处置方案。

②协助施工单位进行现场的交通组织。

③监督隐患处置单位现场的交通组织和施工许可办理情况。

④定期巡视桥涵结构物、排水系统、边坡、路面,发现安全隐患及时向建设单位进行沟通。

(2)针对运营项目日常安全管理,运营单位安全生产主要工作如下:

①建立健全安全生产责任制与"一岗双责"全员安全生产责任制。

②开展运营阶段风险评价。

运营阶段风险评价主要对公路的安全状况和交通安全进行验收性评价,验收性评价应让有资质的第三方进行。评价方法多采用交通事故统计分析法、安全检查清单法、断面速度现场观察法等。

③创新推动,做好安全生产策划。

在做好安全生产基础工作的前提下,结合实际情况,研究分析目前安全生产工作中存在的重点和难点问题,做好中远期目标策划,分阶段、按步骤进行改进、完善和提升,实现工程本质安全化。

④规范管理,落实安全生产检查。

根据集团《营运高速公路安全生产标准化管理手册》的有关规定,全面落实各业务范围的安全管理工作,重点做好生产管理与作业过程的控制,进一步规范作业流程,防范事故发生。

⑤加强培训,开展"零事故班组"活动。

⑥落实经费保障,保证安全生产费用有效投入。

⑦开展运营安全风险评估,治理隐患,化解安全生产风险。

完善安全隐患排查治理工作机制,对检查发现的安全隐患和存在的问题实行分级管理。对道路交通设施进行安全评估。全面优化改造,化解安全生产风险。

⑧强化演练,提高应急工作能力。

6.4.3 缺陷责任期内工程质量缺陷处置流程图

缺陷责任期内工程质量缺陷处置流程图如附图 A-2 所示。

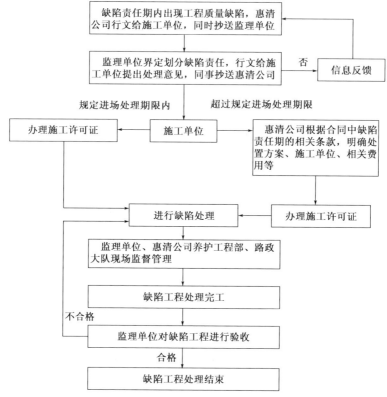

附图 A-2 缺陷责任期内工程质量缺陷处置流程图

附录 A-1 施工图安全专章设计内容

序号	类别	安全专章设计内容
1	施工便道	1. 紧急弯道处的防撞墩、反光镜和减速提示标志; 2. 大纵坡路段的混凝土路面硬化标准; 3. 与地方道路的安全警示标志
2	路基工程	1. 深基坑开挖(例如挡墙基础、涵洞基坑开挖)的临边防护; 2. 高边坡的锚杆、锚索施工平台的临边防护

续上表

序号	类别	安全专章设计内容
3	桥梁工程	1. 泥浆池的临边防护； 2. 人工挖孔桩井口周围的防护栏杆、密目安全网、警示标识标牌及警示灯； 3. 盖梁作业平台、方墩钢筋安装辅助平台的临边防护； 4. 支架基础和安全爬梯规格； 5. 防撞栏施工移动安全吊架； 6. 桥梁伸缩缝和连续段位置钢跳板； 7. 桥面施工时的临边防护，主要包括临边防护的竖、横向钢筋的规格、间距和高度，明确密目安全网的防护标准； 8. 预应力张拉挡板，例如采用钢板加钢丝网或胶板的方式进行设计； 9. 先简后支连续梁临时支座钢砂筒； 10. 钢围堰、钢便桥及作业平台的临边防护； 11. 被交路桥梁下部结构安全防护棚
4	隧道工程	1. 开挖台车应按不同开挖方式进行分类并统一设计，钢筋绑扎台车(防水板铺挂台车)及衬砌台车围护应采用统一规格设计，台车应设置反光标、警示灯标志； 2. 安全逃生通道； 3. 仰拱栈桥； 4. "三管两线"布置方式
5	路面工程	1. 搅拌站料斗落料口的防撞和警示标志； 2. 路面施工时已铺好沥青路面水马减速带设计方案； 3. 路面施工时采用统一的错台指示标识； 4. 施工路段的交通封闭设计
6	临时用电	1. 变压器周边围护； 2. 交叉路段临时电缆钢管包裹埋置方案； 3. 施工现场的临时用电开关箱规格

附录 A-2 安全施工处罚项目一览表

	序号	内容
内业	1	未按比例配备专职安全管理人员，发现少一人罚款10000元
	2	每发现一例特种作业人员未持有效证书，罚款5000元。持证人在岗情况不明，罚款5000元
	3	未建立专职安全管理机构，罚款20000元。安全组织机构框图未悬挂，罚款5000元。安全岗位职责和责任人不明确，罚款10000元。未逐级签订责任书，罚款5000元。责任书签订不规范，发现一份罚款5000元
	4	未建立劳动用工人员台账，罚款5000元。未办理意外伤害保险，罚款20000元
	5	开工报告未批复开工的，罚款50000元。施工组织设计(专项方案)审批手续不完善，罚款50000元。危险性较大工程专项施工方案不全，少一项罚款20000元。未经施工企业技术负责人审核、签认，罚款20000元。专项施工方案未报批或未经评审，发现一份罚款20000元。超过一定规模的危险性较大工程专项施工方案不按规定组织专家评审的，发现一份罚款40000元

续上表

内业	6	未进行安全技术交底,每一分项罚款20000元	
	7	未建立安全生产例会制度、安全教育培训制度、安全生产费用管理制度、危险品管理办法、消防安全责任制度、安全检查制度、安全奖罚考核制度、生产安全事故调查处理及报告制度、临时用电方案或内容不符的,缺一项制度或办法罚款5000元	
	8	未按规定开展桥梁、隧道、高边坡等施工安全风险评估,每少一项罚款80000元。重大风险源未制定安全管理方案,罚款30000元。未按规定开展地质灾害评估,罚款20000元	
	9	未制定专项应急预案,每一项罚款20000元。未开展培训及演练,罚款10000元。演练次数少,罚款10000元/次	
临建工程	10	钢筋加工厂未达到以下要求的,违者每次或每处罚款5000元: (1)防雨、防潮、防(除)锈符合要求; (2)加工场地应硬底化、搭设加工棚; (3)门式起重机使用和管理符合规范; (4)场内设置明显的安全警示标志及相关工种的操作规程,并符合标准化管理规定	
	11	严格按照施工现场临时用电方案进行布设和使用,违者每处罚款5000元	
	12	出现以下情况每处或每次罚款2000元: (1)电力线路架设零乱不牢固; (2)电源线老化、绝缘损坏、接头处无包扎; (3)使用花线或劣质电线,不设电箱、漏电开关; (4)施工现场电器设备无防雨措施,危险部位未设警示标志、标牌; (5)电箱代替保险丝	
基坑开挖	13	高处、临边、临水作业应设置防护栏杆及安全网;下方有人员通行或作业的,应设挡脚、防滑设施、安全网、安全通道等,违者每次或每处罚款10000元	
	14	深基坑施工编制专项施工方案,经审定批准;深基坑边坡、支护结构等应进行沉降和位移监测;堆载安全间距及安全防护满足设计或相关技术规程要求,违者每次或每处罚款10000元	
	15	基坑开挖时,不得采用局部开挖深坑及从底层向四周掏土,违者每处或每次罚款50000元	
	16	基坑开挖未有效围护,桩孔施工后未加盖,每处罚款5000元	
	17	下挖施工未达到以下要求的,每处或每次罚款5000元: (1)施工前应根据设计文件复查地下构造物(电缆、管道等)的埋置位置及走向,并采取防护措施; (2)施工中如发现有危险品及其他可疑物品时,应立即停止下挖,报请有关部门处理	
爆破作业	18	爆破作业应按批准的爆破方案及施工安全技术规程的要求进行,并对人身、工程本身及所有财产采取保护措施,违者每次罚款20000元	
	19	爆破器材设专人保管,严格领用手续,违者每次罚款20000元	

续上表

桥梁工程	20	对于安全风险大的高空作业、梁板吊装,要求制订安全预案,违者每次罚款10000元
	21	梁板吊运安装施工方案应经过监理人员审批,起重机、龙门架、架桥机要经过安全生产管理部门检查合格后才能施工作业,违者每次罚款20000元
	22	有六级以上大风等恶劣天气时,应停止高处露天作业、缆索吊装及大型构件起重吊装等作业,违者每处或每次罚款5000元
隧道工程	23	隧道施工未达到以下要求的,每次或每处罚款5000元: (1)作业人员戴安全帽,戴防护手套,穿反光衣,不赤脚,不赤身,人员佩戴防尘口罩,掌子面附近设应急箱、灭火器、逃生管等。焊工穿绝缘鞋、戴绝缘手套、戴防护面罩。 (2)隧道外(洞口、斜井、竖井)设置各种操作规程牌、制度牌、标志牌。洞口设置门禁系统,有值班人员,人员进出进行登记。洞口设限速度标志、防火标志等。 (3)逃生管一端设置在距离掌子面15~20m处,另一端设置在二次衬砌范围内,逃生管的连接能用手拆除,管内保持通畅,无堵塞。 (4)严禁将支撑立柱设在虚渣或活动的石头上,软弱地段的支撑立柱底面必须加设垫板或垫梁,并用木楔塞紧。 (5)竖井施工中,竖井口、井底、绞车房和工作吊盘间均应有联系信号,必要时应装设直通电话。 (6)严禁隧道内进行钢筋加工。 (7)隧道空压机房内仪表、安全阀、储气罐须进行年检。 隧道未按设计图纸要求的开挖工法进行开挖的,每次罚款20000元
其他	24	施工所用的各种机具设备和劳动保护用品,应定期进行检查和必要的检验,保证其经常处于完好状态,违者每次罚款2000元
	25	出现以下情况,每次罚款2000元: (1)施工车辆和机械"带病"上岗,操作人员无证上岗和违反操作规程; (2)发生各种事故苗头及事故未及时整改和隐瞒不报; (3)每月安全大检查,安全管理人员无故不在位; (4)主要施工机械设备应悬挂操作规程; (5)作业人员酒后作业、机器设备"带病"作业; (6)施工未进行安全交底,安全交底无记录
	26	施工现场人员出现以下情况,每人每次罚款500元: (1)不戴安全帽; (2)高空作业不系安全带; (3)水上作业不穿救生衣; (4)赤脚或穿拖鞋; (5)爆破员、安全员、电工、装载机司机、运输车驾驶员、电焊工、混凝土操作工、起重机、架桥机等特殊工种人员未持证上岗; (6)高空作业人员体检不合格

附录 A-3　安全生产强制性规定

序号	项目	主 要 内 容
1	安全管理"八严禁"	1. 严禁在危险区域设置施工驻地或加工场所； 2. 严禁安全管理人员无证上岗； 3. 严禁作业人员未经安全教育培训和技术交底上岗作业； 4. 严禁作业人员安全防护不到位上岗作业； 5. 严禁特种设备未经检验投入使用； 6. 严禁未开展安全风险评估即组织施工； 7. 严禁危险性较大工程未编制专项方案施工； 8. 严禁社会车辆和行人擅自进入施工现场
2	路基施工"四到位"	1. 基坑开挖防护必须到位； 2. 高边坡开挖分级防护必须到位； 3. 爆破作业安全管理必须到位； 4. 弃土场防护必须到位。
3	桥梁施工"八不准"	1. 桩基防护不到位不准施工； 2. 高空作业安全措施不到位不准施工； 3. 起重吊装管理不到位不准施工； 4. 支架、脚手架搭设不规范不准施工； 5. 挂篮安全管理不到位不准施工； 6. 跨线作业防护措施不到位不准施工； 7. 大型模板安全性能不满足要求不准施工； 8. 安装拆除管理不到位不准施工
4	隧道施工"八不准"	1. 洞口管理不到位不准施工； 2. 开挖支护管理不到位不准施工； 3. 地质超前预报不到位不准施工； 4. 监控量测不到位不准施工； 5. 洞内通风不到位不准施工； 6. 防排水措施不到位不准施工； 7. 爆破管理不到位不准施工； 8. 应急救援措施不到位不准施工

附录 A-4　危险性较大工程

序号	类　别	需编制专项施工方案	需专家论证、审查方案
1	基坑开挖、支护、降水工程	1. 开挖深度不小于3m的基坑(槽)开挖、支护、降水工程。 2. 深度小于3m但地质条件和周边环境复杂的基坑(槽)开挖、支护、降水工程	1. 深度不小于5m的基坑(槽)的土(石)方开挖、支护、降水工程。 2. 开挖深度虽小于5m,但地质条件、周围环境和地下管线复杂,或影响毗邻建(构)筑物安全,或存在有毒有害气体分布的基坑(槽)的土(石)方开挖、支护、降水工程
2	滑坡处理和路基填挖方工程	1. 滑坡处理。 2. 边坡高度大于20m的路堤或地面斜坡坡率陡于1:2.5的路堤,或不良地段、特殊岩土地段的路堤。 3. 土质挖方边坡高度大于20m,岩质挖方边坡高度大于30m,或不良地质、特殊岩土地段的挖方边坡	1. 中型及以上滑坡体处理。 2. 边坡高度大于20m的路堤或地面斜坡坡率陡于1:2.5的路堤,且处于不良地质地段、特殊岩土地段的路堤。 3. 土质挖方边坡高度大于20m,岩质挖方边坡高度大于30m且处于不良地质、特殊岩土地段的挖方边坡
3	基础工程	1. 桩基础。 2. 挡土墙基础。 3. 沉井等深水基础	1. 深度不小于15m的人工挖孔桩或开挖深度不超过15m,但地质条件复杂或存在有毒有害气体分布的人工挖孔桩工程。 2. 平均高度不小于6m且面积不小于1200m^2的砌体挡土墙的基础。 3. 水深不小于20m的各类深水基础
4	大型临时工程	1. 围堰工程。 2. 各类工具式模板工程。 3. 支架高度不小于5m,跨度不小于10m,施工总荷载不小于10kN/m^2,集中线荷载不小于15kN/m。 4. 搭设高度24m及以上的落地式钢管脚手架工程;附着式整体和分片提升脚手架工程;悬挑式脚手架工程,吊篮脚手架工程;自制卸料平台、移动操作平台工程;新型及异形脚手架工程。 5. 挂篮。 6. 便桥、临时码头。 7. 水上作业平台	1. 水深不小于10m的围堰工程。 2. 高度不小于40m墩柱、高度不小于100m索塔的滑模、爬模、翻模工程。 3. 支架高度不小于8m,跨度不小于18m,施工总荷载不小于15kN/m^2,集中线荷载不小于20kN/m。 4. 50m及以上落地式钢管脚手架工程。用于钢结构安装等满堂重型支撑体系,承受单点集中荷载7kN以上。 5. 猫道、移动模架

续上表

序号	类别	需编制专项施工方案	需专家论证、审查方案
5	桥涵工程	1.桥梁工程中的梁、拱、柱等构件施工。 2.打桩船作业。 3.施工船作业。 4.边通航边施工作业。 5.水下工程中的水下焊接、混凝土浇筑等。 6.顶进工程。 7.上跨或下穿既有公路、铁路、管线施工	1.长度不小于40m的预制梁的运输与安装,钢箱梁吊装。 2.跨度不小于150m的钢管拱安装施工。 3.高度不小于40m的墩柱、高度不小于100m的索塔等的施工。 4.离岸无掩护条件下的桩基施工。 5.开敞式水域大型预制构件的运输与吊装作业。 6.在三级及以上通航等级的航道上进行的水上水下施工。 7.转体施工
6	隧道工程	1.不良地质隧道。 2.特殊地质隧道。 3.浅埋、偏压及邻近建筑物等特殊环境条件隧道。 4.Ⅳ级及以上软弱围岩地段的大跨度隧道。 5.小净距隧道	1.隧道穿越岩溶发育区、高风险断层、砂层、采空区等工程地质或水文地质条件复杂地质环境;Ⅴ级围岩连续长度占总隧道长度10%以上且连续长度超过100m;Ⅵ级围岩的隧道工程。 2.软弱地区的高地应力区、膨胀岩、黄土、冻土等地段。 3.埋深小于1倍跨度的浅埋地段;可能产生坍塌或滑坡的偏压地段;隧道上部存在需要保护的建筑物地段;隧道下穿水库或河沟地段。 4.Ⅳ级及以上软弱围岩地段跨度不小于18m的特大跨度隧道。 5.连拱隧道;中夹岩柱小于1倍隧道开挖跨度的小净距隧道;长度大于100m的偏压棚洞
7	起重吊装工程	1.采用非常规起重设备、方法,且单件起吊重量在10kN及以上的起重吊装工程。 2.采用起重机械进行安装的工程。 3.起重机械设备自身的安装、拆卸	1.采用非常规起重设备、方法,且单件起吊重量在100kN及以上的起重吊装工程。 2.起吊重量在300kN及以上的起重设备安装、拆卸工程
8	拆除、爆破工程	1.桥梁、隧道拆除工程。 2.爆破工程	1.大桥及以上桥梁拆除工程。 2.一级及以上公路隧道拆除工程。 3.C级及以上爆破工程;水下爆破工程

附录 B

惠清高速公路项目防台风防汛工作手册

广东惠清高速公路有限公司

目　录

一、工程概况 …………………………………………………………………… 140

二、不良水文地质条件 ………………………………………………………… 140

三、防台风防汛背景和形势 …………………………………………………… 140

四、防台风手册重要性及意义 ………………………………………………… 141

五、前期筹备工作 ……………………………………………………………… 141

　1. 构建全覆盖式应急组织机构 …………………………………………… 141

　2. 建立健全应急预案体系 ………………………………………………… 142

　3. 完善应急物资储备 ……………………………………………………… 142

　4. 强化应急联动，形成整体合力 ………………………………………… 143

　5. 常态化统筹备战，形成长效预防机制 ………………………………… 143

六、台风前工作 ………………………………………………………………… 143

　1. 上传下达，动态发布实时路径 ………………………………………… 144

　2. 启动应急预案 …………………………………………………………… 145

　3. 领导深入一线靠前指挥，确保执行到位 ……………………………… 145

　4. 分级督办，压实责任，扎实开展台风前检查 ………………………… 145

　5. 全过程动态跟踪，确保人员安全撤离 ………………………………… 147

七、台风中工作 ………………………………………………………………… 147

　1. 全天候值班，稳步推进应急保障 ……………………………………… 147

　2. 强化横向沟通联系，妥善解决矛盾 …………………………………… 147

八、台风后工作 ………………………………………………………………… 148

　1. 台风后全面排查 ………………………………………………………… 148

　2. 台风后保险索赔 ………………………………………………………… 148

九、防台风防汛工作建议 ……………………………………………………… 149

一、工程概况

惠州至清远高速公路项目（以下简称"惠清项目"）是广东省高速公路规划网"二横"线——汕湛高速公路的重要组成部分，属省重点建设项目。项目路线起于惠州市龙门县龙华镇，途经三市、五县、十镇，终于清远市清新区太和镇。项目全长125.277km，桥隧比为51.5%，共设特大、大桥38618.34m/86座、中桥1124m/18座；设特长隧道8459.5m/2座、长隧道7816.5m/5座、中隧道4228.5m/6座、短隧道899m/3座；设互通式立交16处（含1处预留）、管理中心1处、服务区2处、停车区2处、集中住宿区3处、养护工区1处。

项目投资估算为217.98亿元，全线采用双向六车道建设标准，设计速度100km/h，2017年3月全面开工，计划于2020年建成通车。

二、不良水文地质条件

广东省拥有珠江三角洲平原与潮汕平原，其余为山地、丘陵，属于东亚季风区，年平均降水量为1789.3mm，最少年份降水量为1314.1mm，最多年份降水量达2254.1mm。年降水量分布不均，呈多中心分布。3个多雨中心分别是恩平—阳江、海丰和龙门—清远，其中，恩平年平均降水量超过2500mm，海丰年平均降水量接近2500mm，龙门年平均降水量为2100mm。最大日降水量出现在清远，为640.6mm。

广东省是多种气象灾害多发省份，主要灾害有暴雨洪涝、热带气旋、强对流天气、雷击、高温、干旱及低温阴雨、寒露风、寒潮和冰（霜）冻等低温灾害，灾种多、灾期长，发生频率高，灾害重。

惠清项目区域跨度大，涉及10个生态保护区、5条高速公路、2条铁路、1条一级水源保护区，地质复杂，滑坡、崩塌、软基等不良地质分布广泛，热带气旋自身及连带的强降雨灾害对工程建设影响极大，防台风防汛尤为棘手。

三、防台风防汛背景和形势

2018年8月，国家防汛抗旱总指挥部下发了《关于认真贯彻落实习近平总书记重要指示精神切实做好防汛抗洪防台风工作的通知》（国讯电〔2018〕36号），强调了当前及今后一段时间，防台风防汛形势依然严峻，特别是沿海地带，要求各地区各部门坚决克服麻痹思想和侥幸心理，始终紧绷防台风防汛这根弦，狠抓责任落实，排查消除隐患，提升应急能力，确保人民群众生命财产安全。

2018年是惠清项目建设的关键阶段，桥梁隧道施工全面开展，线路长且工艺复杂，其中，隧道工作面38个、架桥机26台、塔式起重机43台、门式起重机205台、涉路跨路施工10处，主要安全风险源点多且分散,全线防台风防汛形势非常严峻,如何强化落实防台风防汛工作、保障人民群众的生命财产安全,是安全管理工作的重中之重。

四、防台风手册重要性及意义

2018年,广东省受台风或热带低压影响,部分地区多次出现强台风和强降雨,个别地区灾情严重。惠清项目所在区域先后不同程度地经历了第4号台风"艾云尼"、第6号台风"格美"、第8号台风"玛莉亚"、第14号台风"摩羯"、第22号台风"山竹"、第23号台风"百里嘉"及第26号台风"玉兔"等,特别是台风"山竹"影响较为严重,其强度大、波及范围广。

惠清项目自建设以来,高度重视防台风防汛工作,严格落实国家、省厅有关防台风防汛方面工作部署,始终坚持把人民群众生命财产安全放在首位,通过不断完善制度体系,进一步强化责任担当,狠抓现场落实,高效防范了各个台风特别是"山竹"的侵袭,创下了24小时内安全撤离7300余名建设人员的先例,充分保障了人员的安全,最大限度地降低了财产损失,做到了守土负责、守土尽责。

防台风防汛工作按照时间节点可分为事前控制、事中控制和事后控制三个阶段,前期筹备是根基,中期防抗结合是关键,后期全面排查防止次生灾害及保险理赔是最后屏障。为进一步形成长效防台风体系,提升工程建设项目防台风水平,避免群死群伤、财产损失的恶性事故发生,结合2018年9月台风"山竹"的成功防范经历,现将防台风经验进行梳理总结,以供参考借鉴。

五、前期筹备工作

1. 构建全覆盖式应急组织机构

惠清项目成立防台风防汛应急指挥部,以总经理为总指挥,分管安全副总经理为常务副总指挥,班子其他成员为副指挥,各部门负责人、各总监办总监理工程师及施工单位主要负责人为成员,并下设各标段业主代表和专业工程师构成的专业组,全面负责指导、协调、检查和监督本项目防台风防汛工作。

总监办及施工单位成立以第一责任人为总指挥的防台风应急组织机构,与惠清项目防台风防汛应急指挥部相衔接、相补充。此外,施工单位应急指挥部下设抢险救援组、技术保障组、后勤保障组、对外联络组、善后处理组等专业队伍,强化了应急救援队伍的建设和效率。

形成了惠清项目纵向到底、横向到边、脉络清晰的全覆盖式应急指挥机构,并通过明确各层级、各岗位人员的具体职责划分,确保了指令上传下达的高效执行力,为防台风防汛工作顺利、平稳推进奠定了坚实的组织保障基础。

惠清项目防台风防汛应急组织机构框图如附图B-1所示。

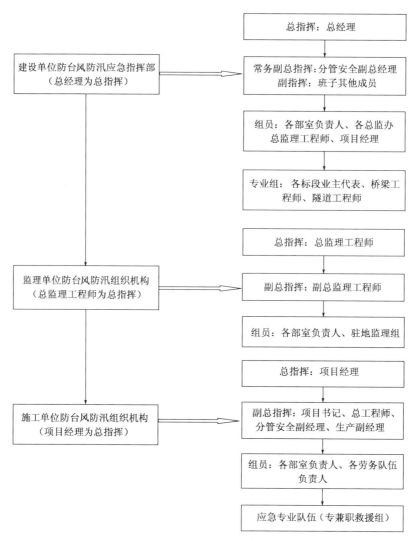

附图 B-1　惠清项目防台风防汛应急组织机构框图

2. 建立健全应急预案体系

惠清公司高度重视防台风防汛工作，结合项目特点和气象水文条件，本着实事求是、超前谋划、科学布置、指导施工的原则，编制了有针对性的防台风防汛综合应急预案，并以此为导向，指导各参建单位结合标段实际编制防台风防汛专项应急预案，重点防范对象涵盖了临建设施、河道施工、高耸设备、大型模板、山体便道等关键工序和部位，突出体现了关口前移、重心下移的指导思想。

3. 完善应急物资储备

惠清项目各参建施工单位建立了应急救援物资（设备）动态数据库，明确了参与应急响应单位工程抢险装备的类型、数量、性能和存放位置，以及保管责任人，日常严格执行定期检查、补充更新制度，确保其处于良好状态。应急救援物资设备主要包括但不限于以下类型：

（1）防台风物资：缆风钢丝绳、花篮螺丝、膨胀螺丝、方木、铁丝、麻绳、编织袋、应急手电筒、反光衣、雨衣、雨鞋等。

（2）抢险设备：救生衣、挖掘机、起重装载机、千斤顶、发电机、电缆线、水泵、水带、铁锹等。

（3）通信设备：移动电话、固定电话、对讲机、传真机、高音喇叭、移动电源等。

（4）运输设备：专用运输车辆、客运车辆、货运车辆等。

（5）应急食品：方便面、饼干、矿泉水等食品，救心丸、感冒药、跌打损伤类药等应急药品，体温计、消毒用品。

4. 强化应急联动，形成整体合力

与当地气象部门建立恶劣天气信息报送服务协议的同时，进一步强化与地方政府、应急管理部门、交通运输部门、水利部门、电力机构、医疗机构、消防机构、学校社区等单位的横向沟通联系，努力获得多方的资源和支持，及时传达各级精神指示，强化灾情调度，及时收集、核实、反映灾情，确保信息真实畅通，形成联防联动、防灾减灾的整体合力。

5. 常态化统筹备战，形成长效预防机制

2018年，惠清公司结合大风雷雨天气特征，下发了《关于加强雨季施工安全管控的通知》（惠清司安〔2018〕92号）、《关于要求开展恶劣天气后复工前安全专项检查的紧急通知》（惠清司安〔2018〕135号）、《关于做好今年第22号台风"山竹"及第23号台风"百里嘉"防御及应急工作的通知》（惠清司安〔2018〕242号）等文件，结合项目建设实际，针对恶劣天气，对应急预案、组织机构、物资储备、值班制度、检查要点、追溯记录等方面提出明确要求，从思想上、制度上、组织上完善应急体系和基础工作，提高全员对恶劣天气的认识和重视程度，杜绝麻痹、侥幸心理。

同时，惠清公司常态化统筹备战防台风防汛工作，积极响应上级指示精神，超前布置，严制度、抓执行，2018年共组织开展应急演练25次，直接参加演练人数达1150余人，其中全线范围内大型防台风防汛应急预案演练2次，协作参演单位达10余家，参演和观摩人员达500余人。通过演练，提高了各岗位人员应对突发事件自救互救能力及应急救援小组协同作战能力，改进了应急体系存在的问题和不足，强化了应急预案机制运行效率。

六、台风前工作

超前预测、关口前移是台风前防范的关键，惠清公司高度重视，组织全员召开专题部署会议，学习传达上级文件精神，深刻认识当前防台风工作形势，加强会商研判和预防预警，妥善做好突发事件应急处置，扎实做好各项防御工作，在全面周密部署的基础上，抓好督促落实，确保部署到位、组织到位、检查到位、责任到位、落实到位。

1. 上传下达,动态发布实时路径

(1) 防台风防汛文件精神上传下达。

惠清公司接到广东省、广州市从化区、惠州市、清远市、省路桥公司等政府部门或上级单位下发的关于防范台风"山竹"文件后,及时进行传达、学习、部署,先后拟文转发或下发了《转发广东省防汛防旱防风总指挥部转发国家防总关于认真贯彻落实习近平总书记重要指示精神切实做好防汛抗洪防台风工作的通知》(惠清司安〔2018〕255号)、《转发广东省防汛防旱防风总指挥部关于加强当前台风防御应急措施落实情况报送工作的通知》(省路桥公司经18699)、《转发省府领导在〈我省全力部署做好今年第22号台风"山竹"防御工作〉批示等文件的通知》(省路桥公司经18707)、《转发省三防办关于启动防御台风Ⅲ级应急响应期间联合值守等文件的通知》(惠清司安〔2018〕262号)、《转发广东省交通运输厅关于终止防御台风"山竹"Ⅱ级响应等文件的通知》(省路桥公司经18714)、《转发广东省防汛防旱防风总指挥部关于印发副省长、省防总总指挥叶贞琴同志在全省防御台风"山竹"部署视频会议上的讲话的通知》(省路桥公司经18718)等防台风防汛工作相关文件,并督促各参建单位学习传阅、贯彻落实。

(2) 跟踪台风动态,实时发布台风信息。

做好台风的监测和预警是防御台风灾害的前提,惠清项目对台风的监测主要是依靠气象部门的预报,并结合电视、广播、互联网、手机短信等媒介获取预警信息,同时,充分利用QQ办公群、微信群、公司办公系统等平台及时准确发布台风动态、防灾避险预警信息和相关应急指令,做到信息覆盖无盲区、无死角,提前预知、超前布置。惠清公司通过微信群发布防台风提示如附图B-2所示。

附图B-2 惠清公司通过微信群发布防台风提示

2. 启动应急预案

惠清项目密切跟踪台风动向,及时、准确、动态发布预警信息和各级防台风工作部署,根据台风等级变化和对惠清项目影响程度及范围,结合广东省交通运输厅《广东省防汛防旱防风总指挥部关于将防风Ⅱ级应急响应提升至Ⅰ级的通知》(粤防〔2018〕143号)和《广东省人民政府关于切实做好今年第22号台风"山竹"防御工作的紧急动员令》文件的精神,并按照集团要求,实时地将防御第22号台风"山竹"Ⅱ级应急响应提升至Ⅰ级。

同时,惠清公司督办总监办、施工单位加强组织领导,联合工程部及安全部扎实做好各项防御工作,担负起台风防御工作的主体责任,认真落实防台风值班制度、台风前后的检查制度、台风信息传递机制,按照Ⅰ级应急响应提前部署,组织参建各方认真做好各项防御工作。

3. 领导深入一线靠前指挥,确保执行到位

惠清公司第一责任人(总经理、党总支书记)组织相关部门负责人及参建单位主要负责人召开抗台风备汛专题布置会议,亲自坐镇指挥,提出了"灾前防、灾中守、灾后抢"的工作原则,实时发布指令,统筹协调,强化与交通运输、应急管理等政府有关部门的沟通联系,亲自督办布置台风前检查、人员组织、撤离场所、领导值班、台风后复查等各项应急工作,其他领导班子成员坚守岗位,深入一线密切指导,各级领导从行动上和思想上形成高度的一致性和严肃性,保证了一线单位的执行力度和效率(附图B-3)。

附图B-3　总经理吕大伟主持召开抗台风布置会并深入一线靠前指挥

4. 分级督办,压实责任,扎实开展台风前检查

(1)为全力做好重要基础设施和薄弱环节防范措施,惠清公司分管安全副总经理及其他领导班子成员率安全生产部、工程部等相关部门,并联合监理单位和驻地监理组,深入一线,对施工单位开展台风前隐患排查治理工作,在确保人员安全的前提下,最大限度转移流动机械,加固临建设施和挂篮、爬模等大型设施,固定架桥机、门式起重机、塔式起重机等大型设备,

疏通排水等应急措施,保障生命财产安全。惠清公司领导率相关部门深入一线了解防台风动态并现场督办如附图 B-4 所示,惠清公司部门检查拌和站储料罐防风和现浇支架排水设施如附图 B-5 所示。

附图 B-4　惠清公司领导率相关部门深入一线了解防台风动态并现场督办

附图 B-5　惠清公司部门检查拌和站储料罐防风和现浇支架排水设施

（2）党组织、团组织在防台风抢险工作中的先锋作用。在抗击今年第 22 号台风"山竹"的战役中,惠清公司党总支和团支部积极响应上级单位号召,迅速投入到防台风抢险工作中,联合各总监办、项目部成员,第一时间拉闸断电对所有工点强制停工,把所有临建工棚、水泥罐、门式起重机等临建设施设备采用缆风绳固定,把应急救援物资配置到位,到沿线各标段工点工棚协助督导工人撤离。

（3）作为分管标段第一责任人,业主代表坚守一线,全程跟踪督促,工程部、安全生产部及其他部门齐头并进,贯彻落实一线工作法和清单工作法,逐条逐项对照清单有的放矢,积极参与应急加固处理、人员撤离,梳理组织措施、转移地点、应急食品储备各项工作,发现问题及时上报,做到未雨绸缪。

（4）监理单位从总监理工程师→副总监理工程师→各部室→驻地监理组按照"一岗双责"的原则,齐抓共管、形成合力,大力督促施工单位落实专题会议、台风前检查、人员组织、台风后复查等工作,及时传达落实各级单位或部门下达的防台风防汛精神指示,确保防范措施落地生根。

(5)施工单位党政一把手亲自抓部署、抓落实,坚决杜绝麻痹思想,积极开展规定动作,强化执行,落实各项应急措施。

①完善应急预案分级响应具体措施,突出针对性、可操作性,并在常备状态下组建党团青年突击队等各类应急抢险队伍,提供组织保障,体现"以人为本,安全至上"的思路和理念。

②组织召开防台风防汛专题布置会,明确加固设备设施清单和责任人、值班表,提前上报人员撤离计划表,确保台风来临时各项应急工作有条不紊。

③台风前加强与民房、学校、村民委员会等应急避难场所沟通协调,储备食品和饮用水,协调组织好交通车辆安排部署,按照各单位花名册有序撤离,做到无遗漏。

5. 全过程动态跟踪,确保人员安全撤离

惠清公司成立了汕湛高速公路惠清项目防台风"山竹"24小时应急指挥中心,应急指挥中心投影仪24小时投影台风路径,同时,建立了人员撤离动态监控表,标段长及值班人员依据各标段上报的人员转移计划,实时跟踪督办落实,存在困难的第一时间上报总经理,确保人员在台风来临前全部撤离。

七、台风中工作

1. 全天候值班,稳步推进应急保障

惠清项目防台风"山竹"24小时应急指挥中心由第一责任人即吕大伟总经理带队,其他班子成员和部门人员轮班值守,根据监理单位、施工单位上报的应急值班汇总表,确保与各单位值班机构联系畅通无阻和避难场所人员后勤保障到位。惠清项目防台风"山竹"24小时应急指挥中心如附图B-6所示。

2. 强化横向沟通联系,妥善解决矛盾

惠清项目发挥主观能动性,积极加强与交通运输、应急管理等部门和镇政府,以及省交通集团、省路桥公司等上级单位沟通联系,如实汇报防台风防汛动态和实际面临的难题,从政府部门和上级单位处获取资源优势,协助施工单位解决人员转移,及时得到外部救援专业队伍支持和帮助,为防台风防汛工作顺利推进争取一切力量。省路桥公司领导莅临指挥中心督导人员转移如附图B-7所示。

附图 B-6　惠清项目防台风"山竹"24 小时应急指挥中心

附图 B-7　省路桥公司总经理陈新华莅临指挥中心督导人员转移

八、台风后工作

1. 台风后全面排查

惠清项目涉及广河、京珠、广乐等多条高速公路,台风期间协同高速路政单位提前进行了封闭,并加强台风全程跟踪和联络。2018 年 9 月 17 日,台风过后,1 标段跨广河高速公路、11 标段跨京珠高速公路、15 标段跨广乐高速公路立即进行了隔离设施、警示标志的恢复,确保交通安全。

2018 年 9 月 18 日,惠清公司组织开展了为期 4 天的台风后安全检查,并下发通知,要求钢筋棚、拌和站料仓、高边坡、临时用电、排水设施等受损标段制订灾后重建方案或安全保证措施,同时要求施工单位开展全面的自纠自查,避免次生安全事故发生。

2. 台风后保险索赔

台风过后,惠清公司立即部署,要求各施工标段收集上报受灾情况,按时填报受损项目、受损照片,形成汇总台账,并组织施工单位、保险公司召开台风受损保险理赔协调会(附图 B-8),明确了保险理赔相关规定,并要求各施工单位及时跟进,如期做好保险索赔事宜。

附图 B-8　惠清公司组织召开保险理赔会议

九、防台风防汛工作建议

台风"山竹"来袭，对惠清项目防台风防汛应急处置是一次严峻的实战检验，广大干部和职工群众共呼吸、共命运，始终把保证全线群众生命安全放在第一位，截至 2018 年 9 月 16 日中午，全线累计安全转移 7300 余人，现场完成设备转移 354 台。最终实现人员零伤亡，最大限度地减少了国有资产的损失，取得了防台风防汛工作的全面胜利。

惠清项目总结本次成功防台风防汛工作经验，努力发掘深层的不足之处，持续改进提高。通过受灾项目、类型分析发现，本次台风影响严重受损部位主要集中在钢筋棚、拌和站料仓方面，一定程度上暴露了钢筋棚、拌和站在临建期间防台风防汛措施考虑不充分，特别是应急缆风绳、地锚的具体指标要求不明确等，下一步或后续项目应借鉴教训，在钢筋棚、料仓、驻地临建设计方面改进、完善防台风防汛管理漏洞的同时，把好临建设施验收关。

回顾历史，展望未来。当前国内防台风防汛形势依然十分严峻，如何克服大自然灾害任重道远，后续我们应戒骄戒躁，不忘初心，砥砺前行，深挖应急救援预案、应急队伍建设、物资设备保障等方面的缺陷和漏洞，查漏补缺、严防死守，以进一步提升项目建设的防台风防汛整体水平，为工程建设构建坚实的保护伞。

后续工程建设过程中，特别是沿海易受台风暴雨侵袭地区，看待问题应从大局角度出发，充分认识台风暴雨对人民群众生命和财产安全的巨大威胁，绝不能仅仅将其作为安全管理的一部分，而是将防台风防汛工作放在至关重要的位置，并且认真担负起"党政同责"的责任，齐抓共管，形成合力，确保人民群众的利益得到有效保障，为社会稳定发展保驾护航。